JN429348

2

Student's Book

아하! 한국어

A-ha! Korean

숙명여자대학교 한국어교재위원회

- **김경령**
  University of Illinois at Urbana Champaign, Ph. D
  숙명여자대학교 한국어문학부 부교수
  숙명국제언어교육원 한국어 교육 부장

- **이홍식**
  서울대학교 국어국문학 문학 박사
  숙명여자대학교 한국어문학부 교수

- **문금현**
  서울대학교 국어국문학 문학 박사
  숙명여자대학교 한국어문학부 부교수

- **이소영**
  숙명여자대학교 한국어문학부 문학 박사
  숙명국제언어교육원 한국어교육부 강사

- **엄소연**
  숙명여자대학교 한국어문학부 문학 박사 수료
  숙명국제언어교육원 한국어교육부 강사

- **오미나**
  숙명여자대학교 한국어문학부 문학 박사 수료
  숙명국제언어교육원 한국어교육부 강사

- **박재남**
  숙명여자대학교 한국어문학부 문학 박사 수료
  숙명국제언어교육원 한국어교육부 강사

- **Richard Dubois**
  숙명여자대학교 영어영문학부 강의 교수

〈연구보조원〉
박참희 · 이세훈 · 최혜민

- **표지 그림과 삽화: 정효정**

아하! 한국어 2
(Student's Book, Work Book, Word List)

지은이 숙명여자대학교 한국어교재위원회
펴낸이 조경희
펴낸곳 경문사
펴낸날 2014년 3월 5일 1판 1쇄
2025년 7월 31일 1판 2쇄
등 록 1979년 11월 9일 제1979-000023호
주 소 04057, 서울특별시 마포구 와우산로 174
전 화 (02)332-2004 팩스 (02)336-5193
이메일 kyungmoon@kyungmoon.com

값 34,000원

ISBN 978-89-6105-738-7
ISBN 978-89-6105-498-0(세트)

★ 경문사의 다양한 도서와 콘텐츠를 만나보세요!

홈페이지	www.kyungmoon.com	페이스북	facebook.com/kyungmoonsa
포스트	post.naver.com/kyungmoonbooks	블로그	blog.naver.com/kyungmoonbooks
북이오	buk.io/@pa9309	인스타그램	instagram.com/kyungmoonsa

도서 중 **정오표** 및 **학습자료**가 있는 경우 홈페이지 내 해당 도서 상세 페이지의 **자료** 탭에 업로드됩니다.

아하! 한국어 2

A-ha! Korean

Student's Book

숙명여자대학교 한국어교재위원회

KM 경문사

등장인물

Character

이민호 (20대, 한국)

컴퓨터 공학 전공하고 있는 한국 대학생입니다.

데이비드 최 (20대, 미국)

교환 학생으로 한국에서 공부 중인 재미교포입니다.

호나우두 (20대, 브라질)

한국의 IT기술을 배우기 위해 유학을 온 학생입니다.

김지선 (20대, 한국)

한국어를 전공하는 대학생입니다.

링링 (20대, 중국)

한국에서 공부 중인 교환학생입니다.

유키 (20대, 일본)

한국에서 공부 중인 교환학생입니다.

이소영 (30대, 한국)

한국어 선생님입니다.

베라 (30대, 독일)

회사원이고 한국 사람과 결혼할 예정입니다.

유리 (40대, 러시아)

한국 기업에서 근무 중인 회사원입니다.

마이클 (20대, 호주)

한국에서 취업을 준비하고 있는 남자입니다.

머리말

Preface

아하! 한국어는 숙명여자대학교에서 개발한 한국어 교재 시리즈로 한국어를 배우고자 하는 성인 학습자를 대상으로 한국어 표현 능력과 이해 능력을 증진시키는 데에 목표를 두고 개발하였다.

아하! 한국어는 한국어 교육의 가장 기본이 되는 '한글' 습득 단계 교재를 시작으로 5권의 주교재와 이에 따른 5권의 보조 교재, 듣기와 말하기 기능을 보조하는 CD, 각각의 텍스트에서 소개되는 단어를 정리한 단어장 그리고 교사지침서 등으로 구성되었다. 주교재에서는 주제 중심으로 단원을 구성하였고 각각의 대화문은 실생활에서 쉽게 접할 수 있는 상황 및 기능이 제시되었다. 다양한 방법으로 문형 연습을 할 수 있도록 지문을 구성하였고 보조 교재를 통해 학습자 스스로 배운 문형과 어휘를 점검하고 복습할 수 있도록 하였다. 단원마다 새로 소개되는 어휘의 뜻을 수시로 빠르게 점검할 수 있도록 지면 구성의 효율성에 힘썼다. 또한 교사지침서를 제작하여 본 교재를 좀더 체계적으로 교사가 사용할 수 있도록 한국어 발음, 문법, 어휘, 교수법 등에 대한 자세한 내용을 수록하였다. 무엇보다도 본 교재의 특징은 언어 교수 이론에 근거한 효율적인 교수법들이 내용 전반에 깔려 있어 한국어를 쉽게 이해하고 습득할 수 있도록 한 점이다.

본 교재는 외국인 학습자를 대상으로 다년간 한국어를 강의한 교육 경험이 풍부한 전문 한국어 교사진과 국어학 및 언어 교수 이론에서 전문성을 확보하고 있는 연구진의 공동 작업으로 완성되었다. 오랜 기간에 걸쳐 집필 및 출판 과정에 헌신적으로 참여해 준 한국어 교사진과 연구진, 기획과 출판 과정에서 적극적으로 협조를 해 주신 경문사 박문규 사장님께 감사를 드린다.

특별히 숙명한국어 교재가 출간될 수 있도록 아낌없는 지원을 해 주신 한영실 총장님과 도움의 말씀을 주신 한국어문학부 교수님들께 감사를 드린다.

2014년 3월

김경령

일러두기

Preview

아하! 한국어 2는 한국어의 초급 단계를 시작하는 학습자를 대상으로 숙명여자대학교에서 개발한 한국어 교재로 생활에 필요한 기초적인 내용으로 구성한 통합 교재이다. 본 교재를 학습하면서 한국어의 기본 어휘, 문장 구조, 문법 등의 지식과 활용을 통해 기초적인 의사소통 능력을 기르는 데 목표를 두었다.

전체 12과로 이루어져 있으며, 각 과는 대화, 발음, 어휘, 문법, 활동으로 구성되었다. 과가 시작할 때마다 해당과의 학습목표, 문법 항목, 활동을 요약해 두었다. 대화와 듣기 활동 영역에는 기자재를 사용하여 들을 수 있도록 CD 표시가 되어 있다.

1. 대화

각 과의 주제에 맞는 내용으로 3개의 대화를 마련하였다. 책 뒤에 있는 부록에 영어 번역을 두고 각주에는 새 단어 항목을 넣어 학습자가 대화 내용을 좀더 쉽게 이해할 수 있도록 하였다.

저 영화 주인공이 인기가 많지요?

Listen

유키 지선 씨, 우리 어떤 영화를 볼까요?
저 영화가 어때요?
지선 네, 재미있겠네요.
그런데 그 옆에 있는 영화는 어때요?
유키 공포영화요? 저는 공포영화를 정말 안 좋아해요.
그런데 저 영화 주인공이 인기가 많지요?
지선 네, 맞아요. 저 배우를 좋아하는 사람들이 많아요.
유키 씨도 TV에서 저 사람을 많이 봤지요?
유키 네, TV 광고에서 많이 봤어요.

새 단어 _New Words

공포영화 horror movie
주인공 main character
인기가 많다 to be popular
광고 advertisement

2. 문법

각 과마다 4~5개의 문법 사항을 제시하였고 한국어와 영어로 문법 설명을 하였다. 품사범주 표시에서 N은 명사, A는 형용사, V는 동사를 나타내는 기호로 사용하였다. 문법 항목마다 문장 구성, 대화 구성 등의 연습 문제를 두어 배운 내용을 연습하고 확인해 볼 수 있게 하였다. 새 단어를 영어 번역과 함께 해당 부분에 배치하여 사전을 찾지 않고도 단어의 의미를 알 수 있도록 하였다.

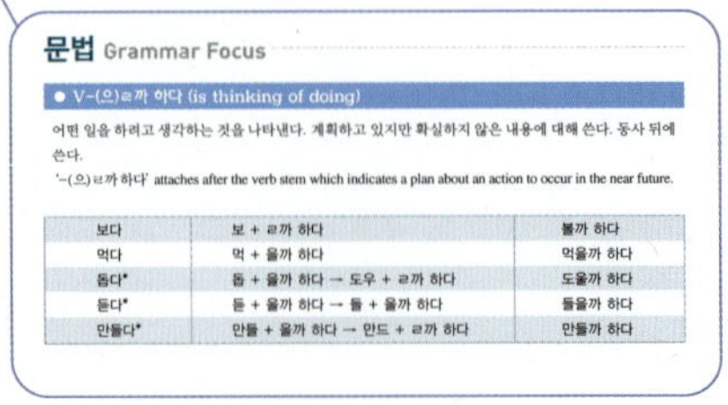
문법 Grammar Focus

● V-(으)ㄹ까 하다 (is thinking of doing)

어떤 일을 하려고 생각하는 것을 나타낸다. 계획하고 있지만 확실하지 않은 내용에 대해 쓴다. 동사 뒤에 쓴다.

'-(으)ㄹ까 하다' attaches after the verb stem which indicates a plan about an action to occur in the near future.

보다	보 + ㄹ까 하다	볼까 하다
먹다	먹 + 을까 하다	먹을까 하다
돕다*	돕 + 을까 하다 → 도우 + ㄹ까 하다	도울까 하다
듣다*	듣 + 을까 하다 → 들 + 을까 하다	들을까 하다
만들다*	만들 + 을까 하다 → 만드 + ㄹ까 하다	만들까 하다

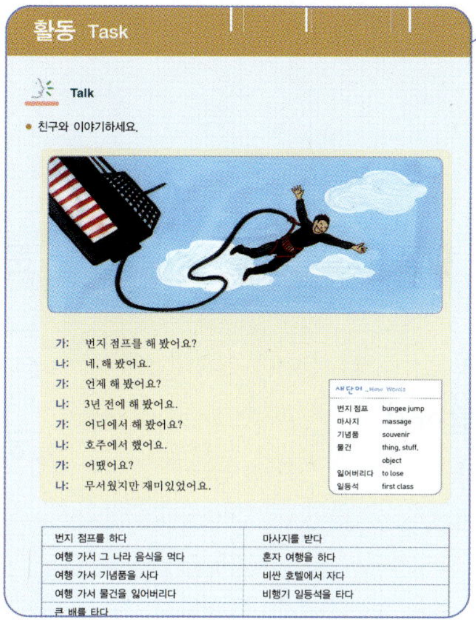

활동 Task

Talk

• 친구와 이야기하세요.

가: 번지 점프를 해 봤어요?
나: 네, 해 봤어요.
가: 언제 해 봤어요?
나: 3년 전에 해 봤어요.
가: 어디에서 해 봤어요?
나: 호주에서 했어요.
가: 어땠어요?
나: 무서웠지만 재미있었어요.

새단어 _New Words

번지 점프	bungee jump
마사지	massage
기념품	souvenir
물건	thing, stuff, object
잃어버리다	to lose
일등석	first class

번지 점프를 하다	마사지를 받다
여행 가서 그 나라 음식을 먹다	혼자 여행을 하다
여행 가서 기념품을 사다	비싼 호텔에서 자다
여행 가서 물건을 잃어버리다	비행기 일등석을 타다
큰 배를 타다	

3. 활동

기초적인 의사소통 능력을 기를 수 있도록 말하기, 듣기, 읽기, 쓰기 등 언어 기능 연습을 통합적으로 제시하였다.

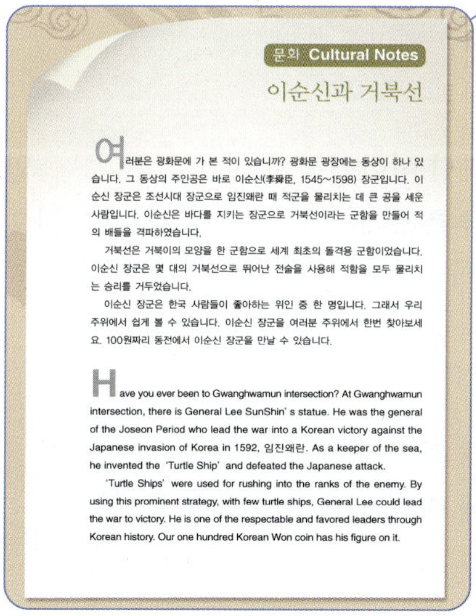

문화 Cultural Notes

이순신과 거북선

여러분은 광화문에 가 본 적이 있습니까? 광화문 광장에는 동상이 하나 있습니다. 그 동상의 주인공은 바로 이순신(李舜臣, 1545~1598) 장군입니다. 이순신 장군은 조선시대 장군으로 임진왜란 때 적군을 물리치는 데 큰 공을 세운 사람입니다. 이순신은 바다를 지키는 장군으로 거북선이라는 군함을 만들어 적의 배들을 격파하였습니다.

거북선은 거북이의 모양을 한 군함으로 세계 최초의 돌격용 군함이었습니다. 이순신 장군은 몇 대의 거북선으로 뛰어난 전술을 사용해 적함을 모두 물리치는 승리를 거두었습니다.

이순신 장군은 한국 사람들이 좋아하는 위인 중 한 명입니다. 그래서 우리 주위에서 쉽게 볼 수 있습니다. 이순신 장군을 여러분 주위에서 한번 찾아보세요. 100원짜리 동전에서 이순신 장군을 만날 수 있습니다.

Have you ever been to Gwanghwamun intersection? At Gwanghwamun intersection, there is General Lee SunShin' s statue. He was the general of the Joseon Period who lead the war into a Korean victory against the Japanese invasion of Korea in 1592, 임진왜란. As a keeper of the sea, he invented the 'Turtle Ship' and defeated the Japanese attack.

'Turtle Ships' were used for rushing into the ranks of the enemy. By using this prominent strategy, with few turtle ships, General Lee could lead the war to victory. He is one of the respectable and favored leaders through Korean history. Our one hundred Korean Won coin has his figure on it.

4. 문화

각 과의 주제와 어울리는 한국의 전통 문화나 현대 문화를 한국어와 영어로 제시하였다.

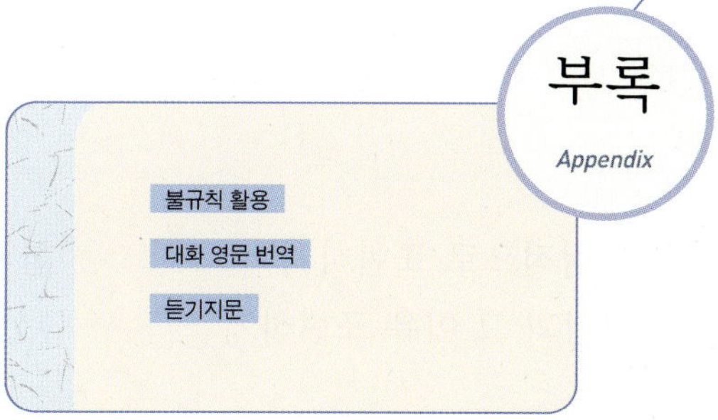

부록

Appendix

불규칙 활용

대화 영문 번역

듣기지문

5. 부록

동사/형용사의 활용표와 대화 내용의 영문 번역, 활동의 듣기 지문을 제시하였다.

단원 구성

Table of Contents

	주제 Topic	문법 Grammar	활동 Task	문화
7과	문화소개 Culture	N(이)라고 하다 N이/가 아니라 N인지 알다 V–는지 알다	• 별명에 대해 이야기하기 • 한국과 다른 자신의 나라 문화 특징 소개하기	열두 띠 이야기
8과	집안일 Housework	A/V–거든요 A–아/어/여지다 V–(으)ㄴ 지 N이/가 되다	• 자신이 한 집안일 말하기 • 세탁소에서 볼일 보기	김치의 보관 방법
9과	모습 Appearance	A–게 V–(으)ㄹ래요 '르' 불규칙 A–아/어/여 보이다 A/V–(으)ㄴ/는데	• 모습을 표현하기 • 상대방 상황에 맞는 말 걸기	여성상과 남성상
10과	요리 Cooking	V–(으)ㄴ 후에 A/V–아/어/여야 V–기 사동사 '–히–', '–	• 요리 관련 어휘를 이용해서 표현하기 • 요리 순서를 설명하기	지역별 유명음식
11과	약속 Appointment	V–지 말고 N 중, V–는 중이다 V–기로 하다 V–자마자	• 약속 제안, 거절하기 • 약속한 내용 전달하기	믿어서는 안되는 한국인의 빈말들
12과	일상생활 Daily Life	V–다(가) V–(으)면서 'ㄷ' 불규칙 반말 '–다'	• 자신의 일상생활에 대해 말하기 • 일기쓰기	꿈

차례

Contents

LESSON 01

취향

Taste

Goals

학습목표

좋아하는 것이나 싫어하는 것을 말할 수 있다.
좋아하는 정도를 말할 수 있다.

문법

A/V-지요? (isn' t it?)
V-는 + N (present modifier)
'ㄹ' 불규칙 (irregular 'ㄹ')
V-고 있다 [1] (is doing)
V-(으)려고 하다 (intend, plan)

활동

취향 묻고 답하기
계획 말하기

저 영화 주인공이 인기가 많지요?

Listen

Track 01

유키	지선 씨, 우리 어떤 영화를 볼까요? 저 영화가 어때요?
김지선	네, 재미있겠네요. 그런데 그 옆에 있는 영화는 어때요?
유키	공포영화요? 저는 공포영화를 정말 안 좋아해요. 그런데 저 영화 주인공이 인기가 많지요?
김지선	네, 맞아요. 저 배우를 좋아하는 사람들이 많아요. 유키 씨도 TV에서 저 사람을 많이 봤지요?
유키	네, TV 광고에서 많이 봤어요.

새단어 _New Words

공포영화	horror movie	인기가 많다	to be popular
주인공	main character	광고	advertisement
배우	actor, actress		

좋아하는 음식이 뭐예요?

Listen Track 02

이민호	좋아하는 음식이 뭐예요?
링링	저는 이탈리안 음식을 좋아해요.
이민호	그럼 스파게티도 좋아해요?
링링	그럼요. 민호 씨는 자주 가는 스파게티 집이 있어요?
이민호	네, 제가 자주 가는 데가 있어요. 가격도 비싸지 않아요.
링링	그래요? 어디예요?
이민호	신촌이에요. 학교 앞에서 거기까지 가는 버스가 있어요. 오늘 같이 가는 게 어때요?

새단어 _New Words

이탈리안	Italian	데	place, location
스파게티	spaghetti	가격	price
자주	often		

저녁에 야구장에 가려고 해요

Listen Track 03

데이비드	여보세요. 유키 씨, 지금 뭐 하고 있어요?
유키	네, 지금 집에서 숙제를 하고 있어요.
데이비드	오늘 친구들이랑 저녁에 야구장에 가려고 해요. 야구를 좋아하면 같이 가는 게 어때요?
유키	네, 저도 같이 가고 싶어요. 사실 저는 야구 보는 것을 별로 안 좋아해요. 하지만 야구장에 가는 것을 아주 좋아해요.
데이비드	왜요?
유키	야구장에 가면 기분이 좋아요. 그리고 저는 야구장에서 맛있는 음식을 먹는 것을 좋아해요.
데이비드	하하, 그것도 좋은 취미네요!

새단어 _New Words

야구장 baseball park　사실 actually　별로 not particularly　기분 feeling

문법 Grammar Focus

● A/V-지요? (isn't it?)

말하는 사람이 이미 알고 있는 것을 다시 확인하며 물어볼 때 쓴다. 대화에서 '-지요'를 빨리 발음하여 [죠]로 발음한다. '많지요'와 같은 경우에는 'ㅎ + ㅈ = ㅊ'이 되어 [만쵸]로 발음한다.

It is used when a speaker shows confirmation or agreement. '-지요?' expresses a strong conviction about the fact which is already known to both speakers and listeners. In colloquial speech, '지요' is often pronounced rapidly to become [죠]. Especially when the final consonant of 'ㅎ' combines the initial consonant 'ㅈ' of the second syllable, it makes the sound of 'ㅊ', like '많지요[만쵸]'.

보다	보 + 지요	보지요
앉다	앉 + 지요	앉지요
예쁘다	예쁘 + 지요	예쁘지요
살다	살 + 지요	살지요
덥다	덥 + 지요	덥지요
했다	했 + 지요	했지요
이다	이 + 지요	이지요

가: 오늘 날씨가 **좋지요?**

나: 네, 정말 좋아요.

가: 요즘 **춥지요?**

나: 네, 추워요.

가: 중국에서 **왔지요?**

나: 네, 맞아요.

가: 저 사람이 **동생이지요?**

나: 아니요, 제 언니예요.

● 연습해 봅시다.

1. '-지요?' 를 사용하여 문장을 바꾸세요.

(1) 수박을 좋아해요? → 수박을 좋아하지요?

(2) 비가 많이 와요? → 비가 많이 ____________ ?

(3) 길에 차들이 많아요? → 길에 차들이 ____________ ?

(4) 숙대에서 한국어를 배워요? → 숙대에서 한국어를 ____________ ?

(5) 어제 숙제를 했어요? → 어제 숙제를 ____________ ?

(6) 이 옷이 예뻐요? → 이 옷이 ____________ ?

(7) 오늘 더워요? → 오늘 ____________ ?

(8) 고향이 부산이에요? → ____________ ?

2. '-지요?' 를 사용하여 문장을 만드세요.

(1) 가: 그 사람을 알지요?

나: 네, 알아요.

(2) 가: 여기가 '숙대입구 역' ____________ ?

나: 네, '숙대입구 역' 이에요.

(3) 가: 봉투에 이름을 ____________ ?

나: 네, 여기 썼어요.

(4) 가: 오늘 ____________ ?

나: 아니에요. 괜찮아요. 오늘 안 바빠요.

(5) 가: 날씨가 정말 ______________________?

나: 네, 너무 더워요. 시원한 곳에 가고 싶어요.

(6) 가: 그 이야기를 ______________________?

나: 그럼요. 어제 학교에서 들었어요.

3. '-지요?'를 사용하여 친구들과 이야기해 보세요.

보기 가: 미키 씨는 일본에서 왔지요?

나: 네, 일본에서 왔어요.

친구의 나라

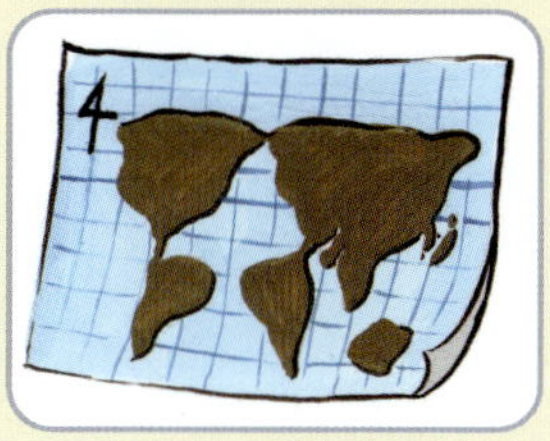

오늘 날씨

한국의 음식

한국어

새단어 _New Words

수박	watermelon	봉투	envelope
길	road	시원하다	to be cool,
바쁘다	to be busy		to feel refreshed

● V-는 + N (present modifier)

뒤에 오는 명사를 수식할 때 쓴다. 수식하는 동사가 현재의 의미를 나타낼 때 쓴다.

This goes on the end of an action verb that precedes a noun to become a prenoun that modifies the noun. It is used when the action expressed by the verb is still underway.

오다	오 + 는	오는
읽다	읽 + 는	읽는
듣다	듣 + 는	듣는
팔다*	팔 + 는 → 파 + 는	파는

이 버스는 명동으로 **가는 버스**입니다.
요즘 외국어를 **배우는 사람**들이 아주 많지요?
비빔밥은 외국 사람들이 **좋아하는 음식**이에요.
우리는 불고기 **만드는 방법**을 몰라요.
쉬는 시간/표 **파는 곳**/**도착하는 곳**/**타는 곳**

● 연습해 봅시다.

1. '–는' 을 사용하여 두 단어를 연결하세요.

(1) 보다/책 → 보는 책

(2) 가다/버스 → ______

(3) 가르치다/사람 → ______

(4) 먹다/음식 → ______

(5) 듣다/음악 → ______

(6) 알다/이야기 → ______

(7) 만들다/방법 → ______

2. '–는' 을 사용하여 문장을 만드세요.

(1) (기다리다/사람) 기다리는 사람 이 누구예요?

(2) (좋아하다/노래) ______ 가 뭐예요?

(3) (도착하다/시간) ______ 이 언제예요?

(4) 지금 (듣다/음악) ______________________ 이 좋아요?

(5) 돼지고기를 (안 먹다/사람) ________________ 이 있지요?

(6) 수미 씨가 (살다/집) ____________________ 이 여기예요.

(7) 이 음식을 (만들다/방법) __________________ 을 몰라요.

3. '-는' 을 사용하여 문장을 만드세요.

운동하다	자주 가다	삼계탕을 만들다
늦게 자다	자주 먹다	매일 지하철을 타다

(1) 우리반에서 늦게 자는 사람이 많아요.

(2) 저는 ______________ 시간을 좋아해요.

(3) ______________ 음식이 있어요?

(4) ______________ 곳이 어디예요?

(5) 저는 ______________ 방법을 몰라요.

(6) 우리반에서 ______________ 사람이 누구예요?

새단어 _New Words

도착하다	to arrive
쉬다	to take a rest
팔다	to sell
곳	place
방법	way, method
삼계탕	chicken soup with Ginseng

● 'ㄹ' 불규칙 (irregular 'ㄹ')

'알다', '울다', '날다' 와 같이 어간이 'ㄹ' 로 끝나는 동사는 뒤에 'ㄴ, ㅂ, ㅅ' 으로 시작하는 어미가 오면 어간의 'ㄹ' 이 탈락한다.

A verb stem ending in a consonant 'ㄹ' is dropped when it comes before the front of endings which begin with ㄴ, ㅂ or ㅅ.

	-는	-(으)면	-(으)세요	-(스)ㅂ니다
알다	아는	알면	아세요	압니다
열다				
살다				
팔다				
만들다				

1. ( ) 안의 단어를 사용하여 문장을 만드세요.

새단어 _New Words

교통 카드	transportation card
편의점	convenience store
실례하다	excuse me

(1) 가: 이 창문 여는 방법을 알아요? (열다)

나: 네, 잠깐만 기다리세요.

(2) 가: 어디에서 교통 카드를 팔아요?

나: 편의점에서 ________________. (-(스)ㅂ니다)

(3) 가: 실례지만 어디에 ________________? (-(으)세요)

나: 청파동에 살아요.

(4) 가: 제나 씨, 선생님 전화번호를 __________면 좀 가르쳐 주세요. (알다)

나: 잠깐만요.

● V-고 있다 1 (is doing)

어떤 동작이 진행되고 있음을 나타낸다. 동사 다음에 쓴다.

'-고 있다' is usually attached after the action verb stem expressing present progressive.

오다	오 + 고 있어요	오고 있어요
읽다	읽 + 고 있어요	읽고 있어요
듣다	듣 + 고 있어요	듣고 있어요
팔다	팔 + 고 있어요	팔고 있어요

학생들이 지금 도서관에서 **숙제하고 있어요.**

오빠는 친구와 **전화하고 있어요.**

유리 씨는 지금 **운전하고 있어요.** 그래서 전화를 받을 수 없어요.

가: 지금 뭐 **하고 있어요?**

나: 집에서 TV **보고 있어요.**

● 연습해 봅시다.

1. '–고 있다'를 사용하여 문장을 바꾸세요.

(1) 식사를 하다 → 식사를 하고 있어요.

(2) 차를 마시다 → ____________________

(3) 친구를 도와주다 → ____________________

(4) 기차가 도착하다 → ____________________

(5) 음악을 듣다 → ____________________

(6) 저녁을 먹다 → ____________________

(7) 빵을 만들다 → ____________________

2. '-고 있다'를 사용하여 이야기해 보세요.

사진을 찍다	라디오를 고치다	부케를 던지다	골프를 치다
창밖을 보다	손을 씻다	노래를 부르다	

(1) 가: 이 여자는 지금 뭐 하고 있어요?

나: 노래를 부르고 있어요.

(2) 가: ______________________

나: ______________________

(3) 가: ______________________

나: ______________________

(4) 가: ______________________

나: ______________________

(5) 가: ______________________

나: ______________________

(6) 가: ______________________

나: ______________________

(7) 가: ______________________

나: ______________________

새 단어 _New Words

도서관	library	던지다	to throw
운전하다	to drive	창밖	outside the window
도와주다	to help		
도착하다	to arrive	씻다	to wash
고치다	to fix	골프를 치다	to play golf
부케	bouquet		

3. 친구들이 무엇을 하고 있어요? 옆 사람과 이야기해 보세요.

● V-(으)려고 하다 (intend, plan)

어떤 행동을 하고 싶어 하는 주어의 계획이나 의지를 나타낸다. 동사 뒤에 쓴다. 어간의 받침이 모음이나 'ㄹ' 이 오면 '-려고 하다' 를 쓰고 어간의 받침이 'ㄹ' 이외의 자음이 오면 '-으려고 하다' 를 쓴다.

'-(으)려고 하다' is used for expressing a plan or will of a speaker. It is attached after a verb stem. If the stem 받침 (a final consonant on the end of a Korean orthographic syllable) is a vowel or consonant 'ㄹ', '-려고 하다' is used. If the stem 받침 is a consonant except 'ㄹ', '-으려고 하다' is used.

보다	보 + 려고 하다	보려고 하다
먹다	먹 + 으려고 하다	먹으려고 하다
살다*	살 + 으려고 하다 → 살 + 려고 하다	살려고 하다
듣다*	듣 + 으려고 하다 → 들 + 으려고 하다	들으려고 하다

저는 오늘 저녁에 친구랑 영화를 **보려고 해요.**

다음 주말에 우리집에 친구들을 **초대하려고 해요.**

이번 방학에 책을 많이 **읽으려고 해요.**

저는 5년 동안 한국에서 **살려고 해요.**

오늘부터 한국어 책 CD를 매일 **들으려고 해요.**

1. ( ) 안의 단어를 사용하여 문장을 바꾸세요.

(1) 이번 주말에 부산에 (가다) 가려고 해요 ____________________.

(2) 오늘밤에 부모님께 이메일을 (보내다) ____________________.

(3) 언제 (출발하다) ____________________?

(4) 내일 사진관에서 가족 사진을 (찍다) ____________________.

(5) 저녁에 뭐 (먹다) ____________________?

(6) 내일 친구 결혼식에 뭐 (입다) ____________________?

(7) 왜 창문을 (열다) ____________________?

(8) 한국에서 언제까지 (살다) ____________________?

2. '-(으)려고 하다'를 사용하여 문장을 만드세요.

(1) 가: 이번 주말에 뭐 하려고 해요?

나: 집에서 청소를 하려고 해요 ____________________.

(2) 가: 오늘 저녁에 약속이 있어요?

나: 네, 동생이랑 영화를 ____________________.

(3) 가: 방학에 좋은 계획 있어요?

나: ____________________.

(4) 가: 언제 숙제할 거예요?

나: ____________________.

(5) 가: 어머니 생신에 무슨 선물을 살 거예요?

나: ____.

(6) 가: 언제 고향에 갈 거예요?

나: ____.

3. 여러분의 계획에 대해서 옆사람과 이야기해 보세요.

(1) 오늘 수업 후

가: 오늘 수업 후에 뭐 하려고 해요?

나: 친구랑 영화를 보려고 해요.

(2) 이번 주말

____

____

(3) 이번 방학

____

____

(4) 내년

____

____

(5) 대학교 졸업 후

____

____

새단어 _New Words

초대하다	to invite
이메일	e-mail
출발하다	to depart
사진관	photo studio
결혼식	wedding ceremony
청소하다	to clean up
생신	birthday (honorific expression for elderly person)
선물	gift, present
계획	plan
여행	trip
고향	hometown

활동 Task

Talk

● 친구와 이야기하고 쓰세요.

가: 좋아하는 한국 음식이 뭐예요?
나: 저는 비빔밥을 좋아해요.
가: 그럼 싫어하는 한국 음식이 뭐예요?
나: 순대를 싫어해요. 그래서 안 먹어요.

	좋아하는 것	싫어하는 것
한국 음식		
가수		
운동		
냄새		
과일		
야채		

새단어 _New Words

냄새	fragrance, smell
과일	fruit
야채	vegetable

● 친구와 이야기하세요.

(1)

가: 어떤 영화를 좋아해요?

나: 코미디 영화를 자주 봐요.

(2)

(3)

(4)

(5)

(6)

(7)

새단어 _New Words

놀다	to play
춤을 추다	to do a dance

Listen

● 듣고 질문에 답하세요. Track 04

1. 두 사람이 말하고 있는 가방은 어떤 것입니까?

(1) 

(2) 

(3) 

(4) 

2. 들은 이야기와 맞으면 ○, 틀리면 × 하세요.

(1) 두 사람은 가방을 사려고 해요. ☐

(2) 베라 씨는 가방 안에 물건을 많이 넣어요. ☐

(3) 베라 씨는 어두운 색을 좋아해요. ☐

새단어 _New Words

필요하다	to require, to need
이것저것	this and that
넣다	to put
어둡다	to be dark
밝다	to be bright

Read

● 읽고 쓰세요.

저는 다음 달에 제주도에 가려고 해요. 친구들과 함께 가고 싶었어요. 하지만 친구들이 모두 너무 바빠서 혼자 가야 해요.

저는 혼자 여행하는 것도 좋아해요. 그래서 가끔 혼자 여행을 해요. 혼자 여행을 하면 생각을 많이 할 수 있어요. 그리고 제가 보고 싶은 것을 많이 볼 수 있어요. 좋아하는 곳에서 오랫동안 있을 수도 있어요. 혼자 여행하는 것은 재미있는 일이에요.

이번에 제주도에 가면 귤을 많이 사오려고 해요. 귤을 좋아하시는 어머니께 드릴 거예요. 그리고 친구들에게도 선물로 줄 거예요.

1. 이 사람은 누구랑 제주도에 가려고 해요?

2. 혼자 여행을 하면 무엇이 좋아요? 세 가지를 쓰세요.

3. 이 사람은 왜 귤을 많이 사오려고 해요?

새단어 _New Words

생각하다	to think
오랫동안	for a long time
귤	tangerine
사오다	to buy

Write

● 말하고 쓰세요.

1. 한국에서 자주 가는 데가 있어요?

저는 쇼핑하는 것을 좋아해요. 그래서 친구들과 같이 명동에 자주 가요.

2. 자주 먹는 음식이 뭐예요?

3. 한국에서 자주 만나는 사람이 누구예요?

4. 집에서 자주 만드는 음식이 있어요?

5. 요즘 자주 입는 옷이 있어요?

6. 뭐 하는 것을 좋아해요?

문화 Cultural Notes

궁합

한국에는 결혼을 하기 전에 궁합을 보는 풍습이 있습니다. 궁합이란 결혼을 할 남자와 여자의 생년월일과 시간을 음양오행에 맞추어 보아 부부가 되어도 좋을지 안 좋을지를 알아보는 것입니다. 과거에는 궁합을 보는 것이 결혼을 하기 전에 반드시 거치는 과정이었으나, 요즘에는 재미삼아 궁합을 보기도 합니다. 궁합을 믿는 사람들은 궁합을 보아 결과가 좋지 않게 나오면 결혼을 취소하기도 합니다. 궁합을 보는 사람들이 예전보다는 줄었지만, 사람들이 많은 곳에 가면 길거리에서도 궁합을 볼 수 있는 곳이 많이 있습니다. 여러분도 궁합을 보고 싶습니까?

It is a kind of custom that Korean people meet fortune tellers in order to examine their mental or physical compatability before marriage. One's date of birth, year and time was translated following oriental philosophy (the five primary substances 음양오행). In the past, examining marital compatability was a necessary process before marriage but now it's not. Young couple examine marital compatability just for fun and don't think so seriously. In the past, the people who strongly believed in martial compatability, if the result was very bad, they sometimes cancelled the marriage. Now there seems to be few people who really believe in marital compatability. You can examine marital compatability at cafes or on the street for fun. Do you want to know about your destiny?

Goals

LESSON 02

인물

Person

학습목표

착의 동사를 이용해서 옷차림을 표현할 수 있다.
관형형을 이용해서 사람의 모습을 표현할 수 있다.

문법

N-에게(서)/한테(서)/께 (from)
V-(으)ㄴ + N (past modifier)
V-(으)ㄹ + N (future, prospective modifier)
V-고 있다 [2] (is wearing)

활동

착의 동사 이용해서 표현하기
관형형을 이용해서 사람 찾기

이번 주말에 입을 옷을 사려고 해요

Listen

Track 05

유리	여보세요, 베라 씨, 지금 뭐 해요?
베라	지금 백화점에 있어요. 이번 주말에 입을 옷을 사려고 해요.
유리	이번 주말에 무슨 특별한 일이 있어요?
베라	네, 이번 주말에 제 친구 결혼식이 있어요. 그래서 그 날 입을 정장을 사려고 해요.
유리	와, 그렇군요. 그럼 예쁜 옷 사세요. 우리 이따가 다시 전화해요.
베라	네, 이따가 아홉 시 정도에 다시 전화해 주세요.

새단어 _New Words

특별하다	to be special	이따가	after a while, little later
정장	formal suit/gown	정도	about

파란 원피스를 입고 있어요

Listen

Track 06

링링	여기 빨간 색 티셔츠를 입은 사람은 누구예요?
이민호	그 사람은 우리 형이에요.
링링	그 옆에 안경을 쓴 여자는 누구예요?
이민호	제 여동생이에요.
링링	그럼 모두 2남 1녀예요?
이민호	아니에요. 한 명 더 있어요. 누나가 있어요.
링링	그래요? 누나는 어디에 있어요?
이민호	누나는 여동생 옆에 있는 사람이에요. 파란 원피스를 입고 있어요.

새단어 _New Words

티셔츠	T-shirts	2남 1녀	two brothers and one sister
안경을 쓰다	to wear glasses	원피스	one piece (dress)
더	more		

어제 본 영화의 주인공이 누구예요?

Listen Track 07

김지선	호나우두 씨, 어제 본 영화는 재미있었어요?
호나우두	네, 정말 재미있었어요. 주인공이 정말 멋있었어요.
김지선	주인공이 남자예요?
호나우두	네, 머리가 긴 남자예요. 키도 크고 얼굴도 잘생겼어요.
김지선	어떤 이야기예요?
호나우두	주인공이 모르는 사람한테서 편지를 받아요. 그 후에 무서운 일이 계속 있어요. 지선 씨도 한번 보세요. 지금 이야기를 다 들으면 재미없어요.
김지선	네, 저도 보고 싶네요.

새단어 _New Words

주인공	the hero of a movie	계속	continuously
멋있다	to be charming	무섭다	to be scared
잘생기다	to be handsome	후에	after

문법 Grammar Focus

● N-에게(서)/한테(서)/께 (from)

행동의 출처나 비롯되는 대상을 나타내는 말에 붙여 사용한다.
'-에게(서)/한테(서)/께' is attached after the noun which expresses sources of the object.

저는 그 이야기를 **친구한테서** 들었어요.
그 사람은 시험 점수를 다른 **사람에게서** 들었어요.
우리는 한국어를 **김 선생님께** 배웠어요.
그 선물을 **누구에게** 받았어요?

● 연습해 봅시다.

1. 다음 그림을 보고 알맞게 쓰세요.

(1) 

준이는 마이클에게 책을 주었어요.
→ 마이클은 준이한테서 책을 받았어요.

(2) 

링링은 진선 씨에게 선물을 주었어요.
→ ______________ 선물을 받았어요.

(3)

선생님은 학생에게 전화를 했어요.

→ ______________________ 전화를 받았어요.

(4)

선생님은 엘렌 씨에게 한국어를 가르쳤어요.

→ ______________________ 한국어를 배웠어요.

(5)

친구가 나에게 그 이야기를 했어요.

→ ______________________ 그 이야기를 들었어요.

2. 친구와 이야기해 보세요.

(1) 지난 생일에 친구한테서 선물을 받았어요?

(2) 이번 크리스마스에 친구에게서 받고 싶은 선물은 뭐예요?

(3) 보통 교실에서 누구한테 이야기를 많이 들어요?

(4) 언제 가족한테 전화를 받았어요?

(5) 선생님께 듣고 싶은 이야기가 있어요?

● V-(으)ㄴ + 명사 (past modifier)

뒤에 오는 명사를 수식할 때 사용한다. 명사를 수식하는 동사가 과거에 일어났음을 나타내거나 완료되었음을 나타낼 때 사용한다.

This goes on the end of an action verb that precedes a noun to become a prenoun that modifies the noun. It is used when the action expressed by the verb is over.

보다	보 + ㄴ	본 영화
먹다	먹 + 은	먹은 식당
듣다*	듣 + 은 → 들 + 은	들은 소리
만들다*	만들 + 은 → 만드 + ㄴ	만든 빵

어제 **본 영화**가 어땠어요?

어제 **먹은 빵**이 정말 맛있었지요?

오늘 **만든 요리** 이름이 뭐예요?

이것은 영국에서 **산 사전**이에요.

조금 전에 **들은 노래**가 뭐예요?

● 연습해 봅시다.

1. '-(으)ㄴ'을 사용하여 문장을 만드세요.

(1) 중국에서 왔어요 + 밍밍이에요.

→ 중국에서 온 밍밍이에요.

(2) 전화를 했어요 + 사람은 선생님이에요.

→ ______________________________.

(3) 밥을 많이 먹었어요 + 사람은 제 친구예요.

→ ______________________________.

(4) 빨간 치마를 입었어요 + 여자가 제 동생이에요.

→ ________________________________.

(5) 지난 주에 샀어요 + 옷은 청바지예요.

→ ________________________________.

(6) 제가 만들었어요 + 과자를 먹어 보세요.

→ ________________________________.

(7) 이 음악을 들었어요 + 곳이 커피숍이에요.

→ ________________________________.

2. '-(으)ㄴ'을 사용하여 문장을 만드세요.

(1) 가: 작년 크리스마스에 어디에 갔어요?

나: 작년 크리스마스에 (가다) ___간___ 곳은 하와이예요.

(2) 가: 이 사전은 어디에서 샀어요?

나: 이것은 학교 서점에서 (사다) ________ 사전이에요.

(3) 가: 지난 주말에 무엇을 했어요?

나: 운동을 했어요. 어제 (하다) ________ 운동은 농구예요.

(4) 가: 어제 무슨 책 읽었어요?

나: 어제 (읽다) ________ 책은 자동차 잡지예요.

(5) 가: 어제 무슨 음식을 만들었어요?

나: 어제 (만들다) ________ 음식은 불고기예요.

(6) 가: 어제 저녁에 뭐했어요?

나: 산책했어요. 우리가 (걷다) ________ 길은 공원 길이에요.

3. 친구와 이야기해 보세요.

(1) 어제 저녁에 무슨 음식을 먹었어요? 순두부찌개

(2) 지난 주말에 누구를 만났어요? ______

(3) 한국에서 무엇을 샀어요? ______

(4) 지난 휴가에 어디를 여행했어요? ______

(5) 작년 생일에 무슨 선물을 받았어요? ______

(6) ______ ______

(1) 어제 저녁에 먹은 음식은 순두부찌개예요

(2) ______

(3) ______

(4) ______

(5) ______

(6) ______

새단어 _New Words

과자	snack
크리스마스	Christmas
걷다	to walk
잡지	magazine
산책하다	to take a walk
휴가	vacation
작년	last year

● V-(으)ㄹ + N (future, prospective modifier)

뒤에 오는 명사를 수식할 때 사용한다. 명사를 수식하는 동사가 미래에 일어날 일에 대한 계획이나 추측을 나타낼 때 사용한다. 'ㄹ' 을 제외한 자음 뒤에는 '–을', 모음과 'ㄹ' 뒤에는 '–ㄹ' 을 쓴다.

This goes on the end of an action verb that precedes a noun to become a prenoun that modifies the noun. It is used when the action expressed by the verb has not happened yet. When the verb stem ends in consonants except 'ㄹ', '–을' is attached. When the verb stem ends in a vowel or 'ㄹ', '–ㄹ' is attached.

오다	오 + ㄹ	올 친구
읽다	읽 + 을	읽을 책
듣다*	듣 + 을 → 들 + 을	들을 음악
팔다*	팔 + 을 → 파 + ㄹ	팔 과일

이것은 친구에게 **줄 선물**이에요.

내일 생일이에요. 하지만 **만날 친구**가 없어요.

내일 아침에 **먹을 빵**을 사요.

다음 시간에 **들을 수업**은 듣기 수업이에요.

내년에 **살 집**은 방이 두 개예요.

1. '-(으)ㄹ' 을 사용하여 만드세요.

(1) 가다/학교 → 갈 학교

(2) 보다/신문 → ____________________

(3) 하다/숙제 → ____________________

(4) 배우다/사람 → ____________________

(5) 먹다/빵 → ____________________

(6) 입다/옷 → ____________________

(7) 살다/집 → ____________________

(8) 만들다/음식 → ____________________

(9) 듣다/음악 → ____________________

2. '-(으)ㄹ' 을 사용하여 문장을 만드세요.

(1) 가: 내일 (사다/것) ___살 것___ 이 뭐예요?

나: ______________________________

(2) 가: 오늘 저녁에 (만들다/음식) ______________ 이 뭐예요?

나: ______________________________

(3) 가: 내일 수업 후에 (가다/곳) ______________ 이 어디예요?

나: ______________________________

(4) 가: 내일 아침에 (먹다/음식) ______________ 이 있어요?

나: ______________________________

(5) 가: 이번 주말에 (하다/일) ______________ 이 뭐예요?

나: ______________________________

3. 친구와 이야기해 보세요.

(1) 이번 주에 할 일이 뭐예요?

(2) 이번 주말에 살 물건이 뭐예요?

(3) 오늘 저녁에 할 숙제가 있어요?

(4) 우리반에서 내년에 결혼할 사람이 있어요?

(5) 여행을 가면 준비할 물건이 뭐예요?

새단어 _New Words

내년	next year
숙제	homework
결혼하다	to get married
준비하다	to prepare

● V-고 있다 2 (is wearing)

'입다, 신다, 쓰다, 끼다, 벗다' 등의 동사에 붙어 이러한 동작이 진행되거나 진행이 끝난 결과가 현재 계속되고 있는 상태임을 나타낸다.

'-고 있다' attaches to the verb like '입다, 신다, 쓰다, 끼다, 벗다' which indicates an action in progress or that the action is already done.

차다	차 + 고 있다	차고 있다
메다	메 + 고 있다	메고 있다
끼다	끼 + 고 있다	끼고 있다
입다	입 + 고 있다	입고 있다
쓰다	쓰 + 고 있다	쓰고 있다
신다	신 + 고 있다	신고 있다

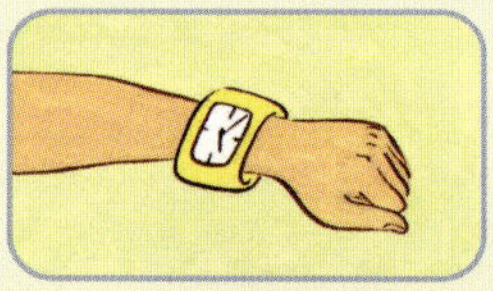

시계를 **차고 있어요**. / 찼어요.

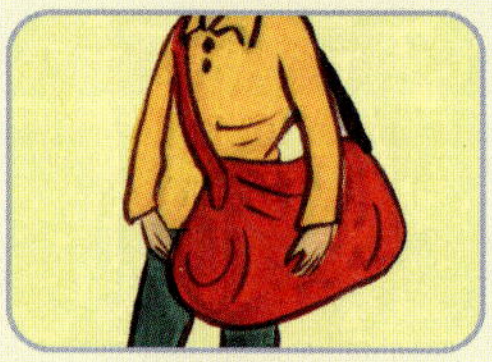

큰 가방을 **메고 있어요**. / 멨어요.

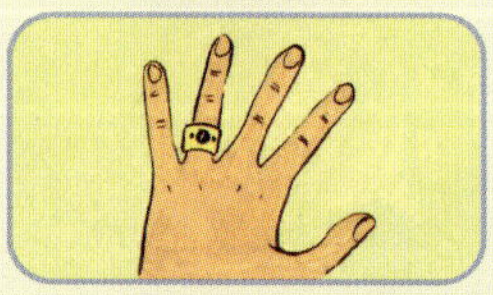

금반지를 **끼고 있어요**. / 꼈어요.

티셔츠와 바지를 **입고 있어요**. / 입었어요.

안경을 **쓰고 있어요**. / 썼어요.

파란색 구두를 **신고 있어요**. / 신었어요.

1. 알맞은 것을 연결하세요.

(1)		모자를 •	
(2)		선글라스를 •	• 하다
(3)		귀걸이를 •	• 입다
(4)		반지를 •	• 쓰다
(5)		시계를 •	• 메다
(6)		남방을 •	• 차다
(7)		치마를 •	• 끼다
(8)		배낭을 •	• 신다
(9)		샌들을 •	

2. 사진을 보고 '-고 있다'를 이용해서 이야기해 보세요.

두건을 쓰다	선글라스를 쓰다/끼다	귀걸이를 하다
반지를 끼다	시계를 차다	남방을 입다
치마를 입다	가방을 메다	샌들을 신다

(1) 이 사람은 모자를 쓰고 있어요?

→ 아니요, 두건을 쓰고 있어요 .

(2) 이 사람은 어떤 귀걸이를 했어요?

______________________________.

(3) 이 사람은 무슨 색 선글라스를 끼고 있어요?

______________________________.

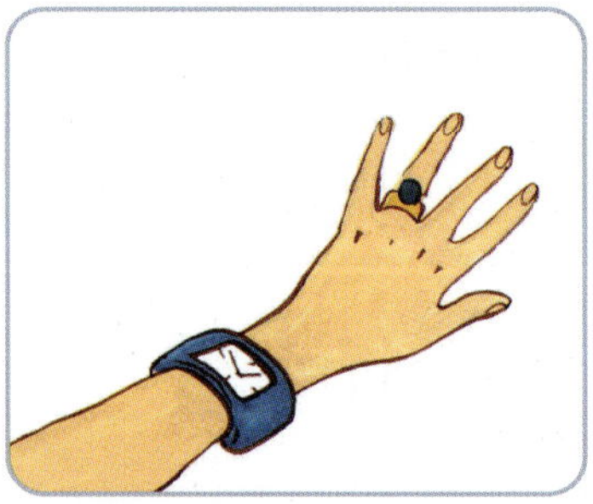

(1) 이 사람은 장갑을 꼈어요?

______________________________.

(2) 이 사람은 시계를 차고 있어요?

______________________________.

(1) 왼쪽에 있는 여자는 긴 치마를 입었어요?

______________________________.

(2) 오른쪽에 있는 남자는 어떤 바지를 입고 있어요?

______________________________.

(3) 오른쪽에 있는 남자는 큰 가방을 메고 있어요?

______________________________.

(4) 왼쪽에 있는 여자는 뭘 신었어요?

______________________________.

3. 한 친구가 다른 친구의 옷, 신발, 액세서리 등을 이야기해 보세요. 그 친구를 찾아 봅시다.

보기 그 사람은 청바지를 입고 있어요. 그리고 운동화를 신고 있어요.
모자를 안 쓰고 있어요. 빨간색 티셔츠를 입고 있어요. 반지를 끼고 있어요.

누구? 김진수

누구? ____________

누구? ____________

새단어 _New Words

귀걸이	earrings
반지	ring
남방	shirt
배낭	backpack
샌들	sandals
두건	do-rang
장갑	gloves

활동 Task

Talk

- 다음 대화와 같이 옆 친구와 이야기해 보세요.

유카 오늘 제일 일찍 온 사람은 누구예요?
희철 제인 씨예요.
유카 제인 씨는 어떤 옷을 입고 있어요?
희철 초록색 티셔츠와 청바지를 입고 있어요.
유카 무엇을 신고 있어요?
희철 흰색 운동화를 신고 있어요.

(1) 오늘 제일 열심히 공부하는 사람은 누구예요?

(2) 지난 시험에 1등한 친구는 누구예요?

(3) 오늘 가장 예쁜 옷을 입은 사람은 누구예요?

(4) 매일 쉬는 시간에 음식을 먹는 사람이 누구예요?

(5) 한국에서 대학교에 갈 사람이 누구예요?

새단어 _New Words

초록색	green
청바지	blue jeans
흰색	white
1등	first prize

Write

● 친구들과 이야기하고 쓰세요.

질 문	학 생 이 름
❶ 누가 매일 커피를 마셔요?	김진수
❷ 누가 술을 좋아해요?	
❸ 누가 어제 늦게 잤어요?	
❹ 누가 오늘 칠판을 지울 거예요?	
❺ 누가 춤을 잘 춰요?	
❻ 누가 결혼했어요?	
❼ 누가 보통 제일 일찍 학교에 와요?	
❽ 누가 한국에 혼자 왔어요?	
❾ 누가 요즘 남자(여자)친구랑 헤어졌어요?	
❿ 누가 내년에 고향으로 돌아갈 거예요?	

(1) 매일 커피를 마시는 사람이 김진수 씨예요.

(2) 술을 좋아하는 사람이 ________________.

(3) 어제 늦게 ________ 사람이 ________________.

(4) 오늘 칠판을 ________ 사람이 ________________.

(5) 춤을 잘 ________ 사람이 ________________.

(6) ________________ 사람이 ________________.

(7) 보통 ________________ 사람이 ________________.

(8) 혼자 ________________ 사람이 ________________.

(9) 요즘 남자(여자)친구랑 ________ 사람이 ________________.

(10) 내년에 ________________ 사람이 ________________.

새단어 _New Words

칠판	blackboard
지우다	to erase
내년	next year
헤어지다	to break up
돌아가다	to return

Listen Track 08

● 듣고 질문에 답하세요.

1. 쉬는 시간에 온 친구들 이름을 쓰세요.

2. 들은 이야기와 맞으면 ◯, 틀리면 × 하세요.

(1) 쉬는 시간에 친구들이 세 명 왔어요. ☐

(2) 이 사람은 교실에 온 친구들의 이름을 몰라요. ☐

(3) 친구들은 호나우두 씨와 같이 커피를 마시고 싶어 했어요. ☐

새 단어 _New Words

머리띠	hairband
남방	shirt

Read

- 읽고 이야기하세요.

오늘은 제 생일이에요. 그래서 지금 파티를 하고 있어요.

친구를 다섯 명 초대했어요. 모두 한국어를 같이 공부하는 친구예요.

마이크는 파란색 남방을 입은 남자예요. 머리는 검은색이고 검은색 안경을 썼어요.

마이크 옆에서 오렌지 주스를 마시고 있는 여자는 베라예요. 독일 사람이에요. 베라는 오늘 하늘색 긴 치마를 입었고 시계를 찼고 목걸이를 했어요.

베라 뒤에서 노래를 부르고 있는 사람은 호나우두예요. 호나우두는 모자를 썼어요.

호나우두 옆에서 춤을 추고 있는 사람은 밍밍이에요. 밍밍은 치마를 입었어요.

빨간 티셔츠를 입은 사람은 이소영 선생님이에요. 이소영 선생님은 안경을 쓰고 있어요.

저는 지금 선물 상자를 열고 있어요. 저는 오늘 친구들한테서 좋은 선물을 많이 받았어요.

(1) 위의 글과 다른 사람을 모두 찾으세요. 무엇이 달라요?

Write

- 쓰세요.

오늘 나는 어떤 옷을 입고 있어요? 그리고 옆에 있는 친구는 어떤 옷을 입고 있어요?

나

친구

문화 Cultural Notes

이순신과 거북선

여러분은 광화문에 가 본 적이 있습니까? 광화문 광장에는 동상이 하나 있습니다. 그 동상의 주인공은 바로 이순신(李舜臣, 1545~1598) 장군입니다. 이순신 장군은 조선시대 장군으로 임진왜란 때 적군을 물리치는 데 큰 공을 세운 사람입니다. 이순신은 바다를 지키는 장군으로 거북선이라는 군함을 만들어 적의 배들을 격파하였습니다.

거북선은 거북이의 모양을 한 군함으로 세계 최초의 돌격용 군함이었습니다. 이순신 장군은 몇 대의 거북선으로 뛰어난 전술을 사용해 적함을 모두 물리치는 승리를 거두었습니다.

이순신 장군은 한국 사람들이 좋아하는 위인 중 한 명입니다. 그래서 우리 주위에서 쉽게 볼 수 있습니다. 이순신 장군을 여러분 주위에서 한번 찾아보세요. 100원짜리 동전에서 이순신 장군을 만날 수 있습니다.

Have you ever been to Gwanghwamun intersection? At Gwanghwamun intersection, there is General Lee SunShin's statue. He was the general of the Joseon Period who lead the war into a Korean victory against the Japanese invasion of Korea in 1592, 임진왜란. As a keeper of the sea, he invented the 'Turtle Ship' and defeated the Japanese attack.

'Turtle Ships' were used for rushing into the ranks of the enemy. By using this prominent strategy, with few turtle ships, General Lee could lead the war to victory. He is one of the respectable and favored leaders through Korean history. Our one hundred Korean Won coin has his figure on it.

Goals

LESSON 03

여행

Trips

학습목표

여행 경험을 말할 수 있다.
여행지에 대한 자신의 생각을 말할 수 있다.

문법

V-(으)ㄹ까 하다 (is thinking of doing)
V-아/어/여 봤다 (have ever done)
'으' 불규칙 (irregular '으')
A-(으)ㄴ 것 같다, V-(으)ㄴ/는 것 같다 (It seems like/looks like)

활동

여행지의 경험 이야기하기
사진 보고 추측하기

축제에 갈까 해요

Listen (Track 09)

데이비드 뭐 보고 있어요?
이민호 신문에 있는 여행 광고를 보고 있었어요.
데이비드 여행 광고요?
이민호 네, 이번 주말에 여행을 가려고 해요.
데이비드 좋은 데 있어요?
이민호 담양 대나무 축제에 갈까 해요. 대나무 축제를 들어 봤어요?
데이비드 네, 친구한테서 들어 봤어요.

새단어 _New Words

광고	advertisement	대나무	bamboo tree
담양	Damyang (Famous place for Bamboo tree in Korea)	축제	festival
		데	place

태국에 가 봤어요?

Listen

Track 10

김지선	태국에 가 봤어요?
유키	아니요. 아직 못 가 봤어요. 그런데 내년에 가려고 해요. 태국에서 뭐 하면 재미있어요?
김지선	태국에 가면 코끼리를 타 보세요. 그리고 맛있는 음식도 많이 드셔 보세요. 아! 마사지도 받아 보세요. 아주 싸고 좋아요.
유키	그래요? 정말 꼭 가 보고 싶네요! 태국의 물가는 어때요?
김지선	물가가 별로 비싸지 않아요. 그리고 교통도 편해요. 다음에 기회가 있으면 우리 같이 갈까요?
유키	정말이요? 좋아요.

새단어 _New Words

태국	Thailand	코끼리	elephant	물가	the price	기회	chance
편하다	to be convenient	마사지	massage	교통	transportation		

날씨가 너무 더운 것 같아요

Listen

Track 11

이민호	요즘 날씨가 너무 더운 것 같아요. 빨리 여름휴가를 떠나고 싶어요.
링링	한국 사람들은 7월 말에서 8월 초에 여름휴가를 많이 가는 것 같아요.
이민호	맞아요.
링링	여름휴가에 어디에 가면 좋아요?
이민호	저는 작년에 정동진에 가 봤어요. 정동진도 괜찮은 것 같아요.
링링	저도 거기 가 봤어요. 다른 데는 어때요?
이민호	그럼 부산 어때요? 부산도 좋아요. 저도 이번 여름휴가에 부산에 갈까 해요.

새단어 _New Words

휴가	vacation	말	end (of)	작년	last year	부산	Busan
떠나다	to leave	초	beginning (of)	정동진	Jungdongjin		

문법 Grammar Focus

● V-(으)ㄹ까 하다 (is thinking of doing)

어떤 일을 하려고 생각하는 것을 나타낸다. 계획하고 있지만 확실하지 않은 내용에 대해 쓴다. 동사 뒤에 쓴다.

'-(으)ㄹ까 하다' attaches after the verb stem which indicates a plan about an action to occur in the near future.

보다	보 + ㄹ까 하다	볼까 하다
먹다	먹 + 을까 하다	먹을까 하다
돕다*	돕 + 을까 하다 → 도우 + ㄹ까 하다	도울까 하다
듣다*	듣 + 을까 하다 → 들 + 을까 하다	들을까 하다
만들다*	만들 + 을까 하다 → 만드 + ㄹ까 하다	만들까 하다

가: 유리 씨, 이번 방학에 계획 있어요?
나: 글쎄요. 그냥 집에서 2급 복습을 **할까 해요.**

가: 저녁에 뭐 먹을 거예요?
나: 된장찌개를 **먹을까 해요.**

아직 잘 모르겠지만 저는 내년에 미국에 **갈까 해요.**
저는 숙명여대에 합격하면, 숙명여대 근처에서 **살까 해요.**

● 연습해 봅시다.

1. '-(으)ㄹ까 하다'를 사용하여 문장을 바꾸세요.

(1) 이번 주말에 부산에 가다 → 이번 주말에 부산에 갈까 해요 .

(2) 내년에 미국 여행을 하다 → 내년에 미국 여행을 ________.

(3) 머리를 자르다 → 머리를 ________.

(4) 저녁에 한식을 먹다 → 저녁에 한식을 ______________________.

(5) 한국 책을 읽다 → 한국 책을 ______________________.

(6) 김치를 혼자 만들다 → 김치를 혼자 ______________________.

(7) 졸업 후에 아버지 회사 일을 돕다

→ 졸업 후에 아버지 회사 일을 ______________________.

2. '-(으)ㄹ까 하다'를 사용하여 문장을 만드세요.

(1) 가: 언제까지 한국에 있을 거예요?

나: 아직 잘 모르겠어요. 1년 동안 있을까 해요.

(2) 가: 오늘 오후에 계획 있어요?

나: 아직 계획은 없지만 ______________________.

(3) 가: 오늘 점심은 뭐 먹을 거예요?

나: 글쎄요, ______________________.

(4) 가: 다음 학기에도 숙명여대에서 공부해요?

나: 글쎄요, ______________________.

새단어 _New Words

계획	plan
복습	review lessons
된장찌개	bean paste pot stew
합격하다	to pass (the exam)
근처	neighboring, nearby
자르다	to cut
한식	Korean food
학기	semester
졸업	graduation

● V-아/어/여 봤다 (have ever done)

과거에 어떤 경험을 한 것을 나타낸다. 동사 어간 뒤에 쓴다.

'-아/어/여 봤다' is attached after the verb stem which indicates the action of the main verb experienced before.

가다	가 + 아 봤다	가 봤어요
먹다	먹 + 어 봤다	먹어 봤어요
하다	하 + 여 봤다	해 봤어요
쓰다*	쓰 + 어 봤다	써 봤어요
듣다*	듣 + 어 봤다 → 들 + 어 봤다	들어 봤어요

가: 떡볶이를 **먹어 봤어요?**

나: 네, **먹어 봤어요.** 맛있어요.

가: 경주에 **가 봤어요?**

나: 아니요, 아직 안 **가 봤어요.**

가: 일본 노래를 **들어 보셨어요?**

나: 아니요, 한 번도 안 **들어 봤어요.**

가: 그래요? 그럼 한번 들어 보세요. 좋은 노래가 많이 있어요.

한국어로 이메일을 **써 봤어요.** 조금 어려웠어요.

● 연습해 봅시다.

1. '-아/어/여 봤다'를 사용하여 문장을 바꾸세요.

(1) 김치를 먹었어요. → 김치를 먹어 봤어요

(2) 부산에 갔어요. → ____________

(3) 한국어를 공부했어요. → ______________________

(4) 한국 친구를 사귀었어요. → ______________________

(5) 서울에서 살았어요? → ______________________

(6) 찜질방에서 잤어요? → ______________________

(7) 한국 노래를 들었어요? → ______________________

2. '-아/어/여 봤다'를 사용하여 문장을 만드세요.

링링 씨는 1년 동안 한국에 있었어요. 한국에서 무엇을 해 봤어요?

(1) 링링 씨는

한복을 입어 봤어요.

(2) 링링 씨는 김치 박물관에서

______________________.

(3) 링링 씨는

______________________.

(4) 링링 씨는 부산에서

______________________.

(5) 링링 씨는 남산에서 ______________________.

(6) 링링 씨는 홍대에서 ______________________.

새단어 _New Words

떡볶이	a boiled dish of sliced rice cake in hot sauce	박물관	museum
찜질방	Korean dry sauna	남산	name of the mountain in central Seoul
사귀다	to make friends with	클럽	club

● '으' 불규칙 (irregular '으')

'슬프다, 기쁘다'와 같이 어간이 '으'로 끝나는 형용사나 동사는 모음으로 시작하는 어미를 만나면 '으'는 탈락한다. '다르다, 모르다'와 같이 '르'로 끝나는 동사는 제외한다.

When the verb stem ends with '으' and it comes before a verb ending which starts with a vowel, '으' is deleted. The verbs ending with '르' like '다르다, 모르다' are exceptions to this rule.

	-아/어/여요	-아/어/여서	-(스)ㅂ니다	-고
바쁘다	바빠요	바빠서	바쁩니다	바쁘고
나쁘다				
배고프다				
쓰다				
예쁘다				

1. ( ) 안의 말을 사용하여 문장을 만드세요.

(1) 가: 왜 기분이 안 좋아요? (-아/어/여서)

나: (날씨가 나쁘다) 날씨가 나빠서 기분이 안 좋아요.

(2) 가: 어제 무슨 일이 있었어요? (-(스)ㅂ니다.)

나: (배가 아프다) ______________________.

(3) 가: 왜 먼저 식사를 했어요? (-아/어/여서)

나: (배고프다) ______________________________.

(4) 가: 이 반지가 어때요? (-아/어/여요)

나: (예쁘다) ______________________________.

(5) 가: 왜 연락을 안 했어요? (-아/어/여서)

나: (바쁘다) ______________________________.

새단어 _New Words

배고프다	to be hungry	연락을 하다	to get in contact with
반지	ring		

● A-(으)ㄴ 것 같다 (It seems like/looks like)

현재 그 상태일 것이라고 추측함을 나타낸다. '있다', '없다'를 제외한 형용사나 '이다', '아니다' 다음에 온다. 상대방에게 말하는 사람 자신의 생각이나 의견을 말할 때 좀 더 부드럽게 또는 겸손하게 소극적으로 말하는 느낌이 있다.

'-(으)ㄴ 것 같다' is attached after adjectives in order to express guessing present conditions or situations. It attaches after most of the adjectives except '있다', '없다'. This pattern is a kind of indirect, roundabout expression when a speaker shows a humble attitude.

예쁘다	예쁘 + ㄴ 것 같다	예쁜 것 같다
좋다	좋 + 은 것 같다	좋은 것 같다
춥다*	춥 + 은 것 같다 → 추우 + ㄴ 것 같다	추운 것 같다
재미있다*	재미있 + 는 것 같다	재미있는 것 같다
학생이다	학생이 + ㄴ 것 같다	학생인 것 같다

가: 한국의 여름 날씨가 어때요?

나: 한국의 여름 날씨가 조금 **더운 것 같아요.**

가: 서울의 지하철은 어때요?

나: 아주 **편리한 것 같아요.**

가: 2급 수업이 어때요?

나: 2급 수업이 **재미있는 것 같아요.**

한국어가 조금 **어려운 것 같아요.**

저 사람은 **선생님인 것 같아요.**

● 연습해 봅시다.

1. '-(으)ㄴ 것 같다'를 사용하여 문장을 만드세요.

(1) 날씨가 (덥다) 더운 것 같아요.

(2) 옷이 (비싸다) ______________

(3) 반지가 (예쁘다) ______________

(4) 산이 (높다) ______________

(5) 이 문제가 (어렵다) ______________

(6) 가방이 (무겁다) ______________

(7) 이 사람은 (여자이다) ______________

2. 그림을 보고 '-(으)ㄴ 것 같다'를 사용하여 대화를 완성하세요.

(1) 가: 이 옷이 어때요?

나: 옷이 ________________.

(2) 가: 이 사람은 여자예요?

나: 아니요. 이 사람은 ____________.

(3) 가: 식당에 사람이 많네요!

나: 이 식당 음식이 ____________.

(4) 가: 신발 사이즈가 괜찮으세요?

나: 신발이 ________________.

(5) 가: 데이비드 씨 오늘 기분이 어때요?

나: 데이비드 씨가 오늘 ____________________.

새단어 _New Words

편리하다	to be comfortable
높다	to be high
무겁다	to be heavy
사이즈	size

● V-(으)ㄴ/는 것 같다

여러 상황으로 미루어 그런 일이 일어났거나 일어나고 있다고 추측함을 나타낸다. 상대방에게 말하는 사람 자신의 생각이나 의견을 말할 때 좀 더 부드럽게 또는 겸손하게 소극적으로 말하는 느낌이 있다. 현재 의미의 동사와 결합할 때는 '-는 것 같다', 과거 의미의 동사와 결합할 때는 '-(으)ㄴ 것 같다'와 결합한다.

'-(으)ㄴ/는 것 같다' is attached after the verb in order to express guessing present conditions or situations. This pattern is also a kind of indirect, roundabout expression when a speaker shows a humble attitude. '-는 것 같다' is attached with the verb to imply present tense. '-(으)ㄴ 것 같다' is attached with the verb to imply past tense.

● -는 것 같다

	동사 현재	
가다	가 + 는 것 같다	가는 것 같다
먹다	먹 + 는 것 같다	먹는 것 같다
듣다	듣 + 는 것 같다	듣는 것 같다
만들다*	만들 + 는 것 같다 → 만드 + 는 것 같다	만드는 것 같다

가: 밖에 날씨가 어때요?
나: 우산을 쓴 사람이 있어요. 비가 **오는 것 같아요.**

가: 맛있는 냄새가 나요.
나: 옆 반에서 음식을 **만드는 것 같아요.**

베라 씨는 아직 학교에 안 왔어요. 지금 집에서 **자는 것 같아요.**
우리 반 학생들은 집에서 열심히 **공부하는 것 같아요.** 모두 숙제를 잘 해요.

● 연습해 봅시다.

1. '-는 것 같다'를 사용하여 문장을 만드세요.

(1) 지금 밖에 눈이 (오다) 오는 것 같아요 ______________.

(2) 그 남자가 저를 (좋아하다) ______________.

(3) 그 사람은 보통 책을 많이 (읽다) ________________________.

(4) 미희 씨는 어두운 색 옷을 자주 (입다) ________________________.

(5) 제 친구는 한국 노래를 자주 (듣다) ________________________.

(6) 선생님이 학교 근처에 (살다) ________________________.

(7) 옆집에서 된장찌개를 (만들다) ________________________.

2. 뭐 하는 것 같아요? 다음 그림을 보고 '-는 것 같다'를 사용하여 문장을 만드세요.

(1) 이 사람은 이를 닦는 것 같아요.

(2) 이 사람은 ________________.

(3) 이 사람은 ________________.

(4) 이 사람은 ________________.

(5) 이 사람은 ____________________.

새단어 _New Words

근처	neighboring, nearby
이를 닦다	to brush teeth

● -(으)ㄴ 것 같다

	동사 과거	
가다	가 + ㄴ 것 같다	간 것 같다
먹다	먹 + 은 것 같다	먹은 것 같다
만들다*	만들 + 은 것 같다 → 만드 + ㄴ 것 같다	만든 것 같다
듣다*	듣 + 은 것 같다 → 들 + 은 것 같다	들은 것 같다

가: 베라 씨는 어디에 있어요?
나: 먼저 **간 것 같아요.**

가: 요리가 아직 안 끝났어요?
나: 다 **만든 것 같아요.** 조금만 더 기다립시다.

유키 씨 가방이 없어요. 유키 씨가 학교에 안 **온 것 같아요.**
쉬는 시간에 진수 씨가 혼자 맛있는 음식을 **먹은 것 같아요.** 맛있는 냄새가 나요.
저 학생은 어젯밤에 못 **잔 것 같아요.** 오늘 수업 시간에 자고 있어요.

● 연습해 봅시다.

1. '-(으)ㄴ 것 같다'를 사용하여 문장을 만드세요.

(1) 친구 책이 깨끗해요. 숙제를 안 (했어요) 한 것 같아요 .

(2) 친구 방에 컴퓨터 상자가 있어요. 컴퓨터를 (샀어요) ________ .

(3) 교실에 빵 봉투가 있어요. 학생들이 빵을 (먹었어요) ________ .

(4) 그 남자 손에 반지가 있어요. 결혼을 (했어요) ________ .

(5) 김밥이 아주 크고 맛있어요. 집에서 (만들었어요) ________ .

(6) 책상 위에 책이 없어요. 동생이 내 책을 (가져갔어요) ________ .

(7) 바람이 많이 불어요. 문을 (열었어요) ________ .

2. 그림을 보고 '-(으)ㄴ 것 같다'를 사용하여 문장을 만드세요.

(1)

가: 민호 씨가 기분이 나쁜 것 같아요.

나: 네, 시험을 못 본 것 같아요 .

(2)

가: 호나우두 씨는 학교에 왜 안 와요?

나: 호나우두 씨는 고향에 ________

________ .

(3) 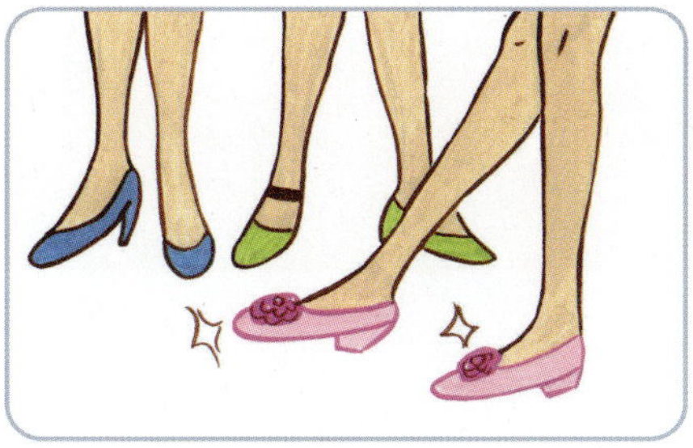

가: 유키 씨 신발이 정말 예뻐요!

나: 새로 ______________________.

(4) 

가: 제가 만든 케이크예요. 드셔 보세요.

나: 그래요? 너무 예뻐서 요리사가 ______________________.

(5) 

가: 이 사진을 어디에서 찍었어요?

나: 저도 잘 모르겠지만 ______________________.

새단어 _New Words

상자	box
봉투	envelope
결혼하다	to get married
새로	newly
요리사	a cook

3. 친구와 함께 이야기하세요.

(1) 오늘 친구의 기분은 어떤 것 같아요?

(2) 옆에 있는 친구는 보통 수업 후에 어디에 가는 것 같아요?

(3) 옆에 있는 친구는 무엇을 좋아하는 것 같아요?

(4) 옆에 있는 친구는 남자(여자) 친구가 있는 것 같아요?

(5) 옆에 있는 친구는 지금까지 한국어를 많이 배운 것 같아요?

(6) 옆에 있는 친구는 한국에서 오래 산 것 같아요?

활동 Task

Talk

- 친구와 이야기하세요.

가: 번지 점프를 해 봤어요?
나: 네, 해 봤어요.
가: 언제 해 봤어요?
나: 3년 전에 해 봤어요.
가: 어디에서 해 봤어요?
나: 호주에서 했어요.
가: 어땠어요?
나: 무서웠지만 재미있었어요.

새단어 _New Words

번지 점프	bungee jump
마사지	massage
기념품	souvenir
물건	thing, stuff, object
잃어버리다	to lose
일등석	first class

번지 점프를 하다	마사지를 받다
여행 가서 그 나라 음식을 먹다	혼자 여행을 하다
여행 가서 기념품을 사다	비싼 호텔에서 자다
여행 가서 물건을 잃어버리다	비행기 일등석을 타다
큰 배를 타다	

Listen

● 듣고 질문에 답하세요. Track 12

1. 경주는 어떤 곳이에요?

2. 경주는 왜 가을에 가면 좋아요?

3. 들은 이야기와 맞으면 ○, 틀리면 × 하세요.

(1) 유리 씨는 여행을 좋아해요. ☐

(2) 유리 씨는 오늘 경주에 대해 처음 들었어요. ☐

(3) 경주에 여름에 가면 안 좋아요. ☐

새단어 _New Words

여기저기	here and there, from place to place
다녀오다	to go and come back
분위기	atmosphere, mood
다르다	to be different
계절	weather
옛날	the old days
신라시대	Silla period
수도	capital
-에 대해	about

Read

- 읽고 쓰세요.

저는 주말에 전라남도 담양 대나무 축제에 다녀왔습니다. 토요일 아침 일찍 친구들과 기차를 탔습니다. 한국에서 기차 여행을 안 해 봤습니다. 그래서 이번 기차 여행이 아주 재미있었습니다. 기차에서 친구들과 이야기도 하고, 밖의 경치도 구경했습니다. 한국의 시골을 볼 수 있었습니다. 4시간쯤 후에 담양에 도착했습니다. 대나무 축제에는 한국 사람들도 많고 외국 사람들도 많았습니다. 이것저것 구경을 하고, 대나무 길을 산책했습니다. 시원하고 기분이 좋았습니다. 아이들이 대나무에 올라가서 우리도 해 봤습니다. 그렇지만 아주 힘들었습니다. 그곳에서 한국 전통 공연도 볼 수 있었습니다. 저녁을 먹고 기차를 타고 서울로 왔습니다. 재미있는 하루였습니다.

새단어 _New Words

전라남도	South Jeolla Province
담양	Damyang
경치	view, scene
구경하다	to sightsee, see
시골	the countryside
이것저것	this and that
산책하다	to take a walk
올라가다	to go up, climb
힘들다	to be difficult, tough
전통	tradition
공연	performance
하루	day

1. 이 사람은 누구랑 어디에 다녀왔어요?

2. 축제에서 무엇을 했어요?

3. 이 사람은 왜 대나무에 올라갔어요?

Write

- 쓰세요.

여러분의 여행 이야기를 써 봅시다.

1. 언제 어디에 누구와 같이 다녀왔어요?

2. 무엇을 타고 다녀왔어요?

3. 그곳에서 무엇을 해 봤어요?

4. 그곳은 어떤 것 같아요?

5. 위에 쓴 것을 글로 써 보세요.

문화 Cultural Notes

안동 하회마을

2010년 7월 유네스코에서는 한국의 안동 하회마을을 세계문화유산으로 등재하였습니다. 하회마을은 경상북도 안동시 풍천면 하회리에 있는 민속 마을입니다. 낙동강 줄기가 이 마을을 감싸며 마을 주변에 산이 있어 멋진 경치를 자랑합니다.

하회마을은 조선 시대 높은 관리들이 많이 나온 양반 고을로 건축물들이 독특한 양반문화와 전통을 오늘날까지 잘 유지하고 있는 곳입니다. 마을 내에 총 127개의 전통 가옥이 있으며 그 중 12개의 가옥이 보물 및 중요민속 자료입니다.

하회마을은 전통 가옥뿐 아니라 양반들의 모습을 재미있고 비유적으로 비판한 탈춤도 유명합니다. 3월에서 12월까지 매주 수요일에 하회마을을 방문하면 2시에서 3시까지 하회별신굿탈놀이 공연을 관람할 수 있습니다. 또, 하회마을에서는 전통 가옥에서 직접 잠을 자면서 전통 가옥 체험도 할 수 있습니다.

Andong Ha Hoe village was registered as World heritage by UNESCO in July, 2010. Ha Hoe village is a folk village in Gyeongsangbukdo. Nakdong river flows around it and it looks like it wraps up the village. There is a beautiful mountain near the river. The view of this village is so amazing. Ha Hoe village is famous for raising good scholars. The unique culture is maintained through traditional structures. Inside the village, there are 127 traditional buildings. Among them, 12 houses are designated as precious structures of folk material. Ha Hoe village is also famous for a masked dance which pertains to exhortation. Every Wednsday, between 2 and 3 from March to December, you can watch the Ha Hoe masked dance performance – 하회별신굿탈이. And you can stay at a traditional house and enjoy it.

LESSON 04 상황과 감정

Context and Emotions

Goals

학습목표

상황에 맞는 감정을 표현할 수 있다.
상황에 따른 문제를 해결할 수 있다.

문법

A/V-거나 (or)
N 때, A/V-(으)ㄹ 때 ((the time) when)
V-(으)면 되다 (if; provided ~ it becomes)
V-기 전에 (before doing)

활동

상황에 맞게 자신의 감정을 말하기
문제 상황에 대해 해결책 묻고 답하기

텔레비전을 보거나 쇼핑을 해요

Listen

Track 13

유리	베라 씨는 보통 주말에 뭘 해요?
베라	텔레비전을 보거나 쇼핑을 해요. 유리 씨는 주말에 뭐 해요?
유리	시간이 있을 때 영화를 보러 극장에 가요.
베라	영화를 많이 좋아하는 것 같아요. 저도 대학교 때 영화를 좋아해서 극장에 자주 갔어요. 그때 생각이 나네요.
유리	그럼 이번 토요일에 같이 영화 보는 거 어때요?
베라	네, 좋아요.

새단어 _New Words

그때　those days, at that time

생각이 나다　to come to mind

기분이 안 좋을 때 혼자 있으면 안 돼요

Listen Track 14

이민호	무슨 일이 있어요? 기분이 안 좋은 것 같아요.
호나우드	네, 집에 가고 싶지만 갈 수 없어서 좀 우울해요.
이민호	기분이 안 좋을 때 혼자 있으면 안 돼요. 저하고 놀이공원에 가는 게 어때요?
호나우드	저는 놀이기구 타는 것을 좋아하지 않아요.
이민호	그럼 호나우드 씨가 좋아하는 찜질방에 갈까요?
호나우드	네, 좋아요. 그런데 저는 지금 수건이나 세면도구가 없는데…….
이민호	괜찮아요. 거기에서 빌리면 돼요.

새단어 _New Words

우울하다	to be depressed	찜질방	Korean sauna
놀이공원	amusement park	세면도구	toiletries
놀이기구	moving objects		

대화3 Conversation 3

잠이 안 올 때 어떻게 하세요?

Listen
Track 15

김지선	링링 씨, 오늘 하품을 자주 하네요. 어젯밤에 잘 못 잤어요?
링링	어제 잠이 안 와서 거의 새벽 4시쯤 잤어요. 그래서 지금 너무 졸려요! 지선 씨는 잠이 안 올 때 어떻게 하세요?
김지선	저는 아주 재미없는 책을 읽거나 조용한 음악을 들어요.
링링	그렇게 하면 잠이 잘 와요?
김지선	네, 지루해서 잠이 잘 와요. 링링 씨는 어떤 방법을 쓰세요?
링링	저는 자기 전에 포도주나 따뜻한 차를 마셔요.
김지선	그것도 좋은 방법이네요.

새단어 _New Words

하품	yawn	지루하다	to be boring	새벽	dawn
어젯밤	last night	방법	method		
졸리다	to be sleepy	쓰다	to use		

문법 Grammar Focus

● A/V-거나 (or)

둘 이상의 경우 중에 하나를 선택함을 나타낸다. 주로 동사에 사용한다. 추측의 뜻을 가진 '-겠-'은 앞에 쓸 수 없다.

'-거나' is attached after both adjectives and verbs for expressing a list of two or more actions of states. The morpheme of '-겠-' expresses assumption which cannot appear in front of these expressions.

가다	가 + 거나	가거나
먹다	먹 + 거나	먹거나
듣다	듣 + 거나	듣거나
만들다	만들 + 거나	만들거나

가: 수업 후에 보통 뭐 하세요?
나: 집에서 **쉬거나** 친구를 만나요.

가: 잠이 안 오면 어떻게 해요?
나: 우유를 **마시거나** 책을 읽어요.

가: 피곤하면 어떻게 해요?
나: 잠을 **자거나** 목욕을 해요.

● 연습해 봅시다.

1. '-거나'를 사용하여 두 문장을 연결하세요.

(1) 가: 수업 후에 보통 뭐 하세요?

나: 집에 가다/친구를 만나다 → 집에 가거나 친구를 만나요 .

(2) 가: 날씨가 좋으면 뭘 하세요?

나: 소풍을 가다/산책을 하다 → ________________ .

(3) 가: 시간이 있으면 뭘 하고 싶어요?

나: 여행을 하다/요가를 배우다 → ________________.

(4) 가: 점심을 어떻게 드세요?

나: 식당에서 먹다/집에서 요리하다 → ________________.

(5) 가: 주말에 시간을 어떻게 보내세요?

나: 청소를 하다/인터넷을 하다 → ________________.

(6) 가: 뭘 하면 기분이 좋아요?

나: 노래를 하다/춤을 추다 → ________________.

(7) 가: 한국어를 잘 하고 싶어요. 그럼 어떻게 해요?

나: 드라마를 보다/한국어 책을 읽다→ ________________.

2. 그림을 보고 '-거나'를 사용하여 문장을 만드세요.

(1)

가: 감기에 걸리면 어떻게 하세요?

나: 과일을 먹거나 차를 마셔요.

(2)

가: 주말에 보통 뭐 하세요?

나: ________________.

(3)

가: 가족에게 어떻게 연락을 하세요?

나: ________________.

(4) 

가: 친구를 만나면 뭘 하세요?

나: ______________________.

(5) 

가: 여자 친구가 화가 나면 보통 어떻게 하세요?

나: ______________________.

(6) 

가: 머리가 아프면 어떻게 해요?

나: ______________________.

3. '-거나'를 사용하여 친구와 함께 이야기 하세요.

(1) 피곤하면 어떻게 해요?

(2) 음식이 너무 매우면 어떻게 할 거예요?

(3) 보통 생일에 뭐 해요?

(4) 수업이 끝나면 뭐 하세요?

(5) 스트레스를 받으면 어떻게 하세요?

새단어 _New Words

목욕을 하다	to take a bath
연락을 하다	to get in contact with
화가 나다	to get angry
소풍	picnic
스트레스	stress
약국	pharmacy

● N 때, A/V-(으)ㄹ 때 ((the time) when)

어떤 일이 생기는 시간이나 어떠한 일이나 상태가 있는 동안을 나타낸다. 과거형 '-았/었/였-'과 높임선어말어미 '-시-'와 같이 쓸 수 있다.

'때' is attached after nouns and '-(으)ㄹ 때' is attached after adjectives or verbs for expressing a specific time. Morphemes for the past tense like '-았/었/였-', and honorific morpheme '-시-' can be used with '-(으)ㄹ 때'.

● N 때

저는 **초등학교 때** 한자를 배웠어요.

제 동생은 **여름 방학 때** 할머니 댁에 갈 거예요.

형은 **결혼식 때** 사람들을 많이 초대했어요.

● A/V-(으)ㄹ 때

나쁘다	나쁘 + ㄹ 때	나쁠 때
보다	보 + ㄹ 때	볼 때
먹다	먹 + 을 때	먹을 때
듣다*	듣 + 을 때 → 들 + 을 때	들을 때
살다*	살 + 을 때 → 사 + ㄹ 때	살 때

기분이 **나쁠 때** 사탕을 먹어요.

형이 신문을 **볼 때** 저는 그림을 그려요.

선물을 **받을 때** 너무 행복해요.

엄마 목소리를 **들을 때** 엄마가 보고 싶어요.

그 친구가 한국에서 **살았을 때** 우리는 자주 만났어요.

오늘 아침에 제가 교실에 **왔을 때** 선생님이 안 계셨어요.

수업 시간에 선생님이 **설명하실 때** 잘 들으세요.

● 연습해 봅시다.

1. 알맞은 것을 연결하세요. 그리고 '-(으)ㄹ 때'를 사용하여 문장을 만드세요.

(1) 많은 사람들 앞에서 이야기해요 •	• 외롭다
(2) 내 강아지가 죽었어요 •	• 힘들다
(3) 시험을 잘 못 봤어요 •	• 슬프다
(4) 일이 너무 많고 어려워요 •	• 기쁘다
(5) 주말에 혼자 집에 있어요 •	• 우울하다
(6) 받고 싶은 선물을 받았어요 •	• 긴장되다

(1) 많은 사람들 앞에서 이야기할 때 긴장돼요.

(2) ____________________

(3) ____________________

(4) ____________________

(5) ____________________

(6) ____________________

2. 그림을 보고 '-(으)ㄹ 때'를 사용하여 문장을 만드세요.

(1) 

가: 언제 등산화를 신어요?

나: 산에 갈 때 등산화를 신어요.

(2) 

가: 언제 커피를 마셔요?

나: ________________ 마셔요. 그러면 잠이 안 와요.

(3) 

가: 언제 '여보세요' 라고 말해요?

나: ________________ '여보세요' 라고 말해요.

(4) 

가: 언제 사전이 필요해요?

나: ________________ 사전이 필요해요.

(5) 

가: 언제 시끄러운 음악을 들으세요?

나: ________________ 시끄러운 음악을 들어요.

(6) 

가 :언제 이 선물을 가져갈 거예요?

나: ________________ 이 선물을 가져갈 거예요.

3. '-(으)ㄹ 때'를 사용하여 친구와 함께 이야기 하세요.

(1) 언제 무서워요? 밤에 혼자 집에 있을 때 무서워요 .

(2) 언제 제일 피곤해요? ______________________.

(3) 언제 가족이 보고 싶어요? ______________________.

(4) 언제 커피가 필요해요? ______________________.

(5) 언제 기분이 좋아요? ______________________.

새단어 _New Words					
외롭다	to be lonely	우울하다	to be depressed	필요하다	to need
힘들다	to be hard	긴장되다	to get nervous	가져가다	to bring
슬프다	to be sad	등산화	mountain-climbing boots		
기쁘다	to be glad	신다	wearing (shoes)		

● V-(으)면 되다 (if; provided ~ it becomes)

결과나 기준을 만족시킬 만한 조건이나 정도를 나타낼 때 쓴다. 문제가 없거나 충분할 때 쓴다.

'-(으)면 되다' is attached after verbs for expressing prerequisite conditions for an action or state in the following clauses.

보다	보 + 면 되다	보면 되다
읽다	읽 + 으면 되다	읽으면 되다
듣다*	듣 + 으면 되다 → 들 + 으면 되다	들으면 되다
만들다*	만들 + 으면 되다 → 만들 + 면 되다	만들면 되다

가: 이번에 시험을 잘 못 봤어요. 어떻게 해요?

나: 다음 시험을 잘 **보면 돼요.**

가: 글을 잘 쓰는 방법이 있어요?

나: 책을 많이 **읽으면 돼요.**

가: 한국어를 잘하고 싶어요. 어떻게 해야 해요?

나: 수업시간에 선생님 말씀을 잘 **들으면 돼요.**

● 연습해 봅시다.

1. 다음 문제가 있어요. 어떻게 하면 돼요? 연결하세요.

(1) 너무 늦었어요 •	• 읽기 연습을 많이 하다
(2) 집에 먹을 음식이 없어요 •	• 인터넷 전화를 하다
(3) 한국어 발음이 어려워요 •	• 택시를 타다
(4) 밤에 잠이 안 와요 •	• 따뜻한 우유를 마시다
(5) 핸드폰 요금이 너무 비싸요 •	• 전화로 음식을 주문하다

2. '-(으)면 되다'를 사용하여 문장을 만드세요.

(1)

가: 비빔냉면이 너무 매워요. 어떻게 해요?

나: 우유를 마시면 돼요.

(2)

가: 어제 옷을 샀는데 너무 작아요.

나: 일주일 안에 다른 옷으로 ________________.

(3)

가: 모레부터 시험을 봐요. 그런데 공부를 못 했어요.

나: 지금부터 ________________.

(4)

가: 비가 오는데 우산이 없어요. 어떻게 해요?

나: 친구한테 ________________.

(5) 

가: 다음 달에 비행기표를 사야 돼요. 그런데 돈을 다 썼어요.

나: 너무 걱정하지 마세요.

지금부터 ________________.

(6) 

가: 은행에서 통장을 만들 거예요. 그런데 외국인 등록증이 없어요.

나: 괜찮아요. ________________.

3. '-(으)면 되다'를 사용하여 친구와 이야기 하세요.

(1) 가: 버스가 왜 이렇게 안와요?

나: 조금만 기다리면 돼요.

(2) 가: 여기에 이메일 주소와 전화번호를 다 써야 돼요?

나: 아니요. ________________

(3) 가: 여기에서 지하철역까지 어떻게 가요?

나: 이 길로 ________________

(4) 가: 죄송해요. 커피가 없어요.

나: 괜찮아요. ________________

(5) 가: 선생님께 전화를 해야 돼요. 그런데 전화번호를 몰라요.

나: 친구에게 ________________

새단어 _New Words		
발음 pronunciation	모레 the day after tomorrow	걱정하다 to worry
요금 charge	통장 bankbook	
바꾸다 to change		

● V-기 전에 (before doing)

뒤의 행동보다 앞서는 것을 나타낼 때 쓴다. 동사 어간에 연결한다. 과거나 미래 시제와 함께 쓸 수 없다.
'-기 전에' is attached after the verb stem in order to express when a following action comes about before the preceding action. This pattern cannot be used with all verbs with past and future tenses.

비가 **오기 전에** 빨리 집에 갑시다.
고향에 **가기 전에** 한국에서 여행을 많이 할 거예요.
밥을 **먹기 전에** 손을 씻었어요.
책을 **읽기 전에** 들어 보세요.

1. 그림을 보고 '-기 전에'를 사용하여 문장을 만드세요.

(1)

→ 잠을 자기 전에 이를 닦아요. ______________________.

(2)

→ ______________________.

(3)

→ ______________________.

(4) 

→ ______________________________.

(5) 

→ ______________________________.

(6) 

→ ______________________________.

2. '-기 전에'를 사용하여 문장을 만드세요.

손님이 오다	여행을 가다	일을 하다
머리를 감다	남자친구를 만나다	이사를 가다
쇼핑을 하다	책을 빌리다	빨래를 하다
청소를 하다	숙제를 하다	춤을 추다

(1) 손님이 오기 전에 음식을 준비해야 해요.

(2) ______________ 사야 하는 물건을 생각했어요.

(3) ______________________ 이삿짐을 싸요.

(4) ______________________ 거울을 봐요.

(5) ______________________ 비행기표나 기차표를 준비해요.

(6) ______________________ 창문을 열었어요.

3. 무엇을 먼저 해야 해요? '-기 전에'를 사용하여 친구와 함께 이야기 하세요.

(1) 시험을 볼 거예요. 먼저 무엇을 해야 해요?

→ 시험을 보기 전에 책을 가방에 넣으세요.

(2) 요리를 할 거예요. 먼저 무엇을 해야 해요?

→ ______________________

(3) 여행을 갈 거예요. 먼저 무엇을 준비해야 해요?

→ ______________________

(4) 사진을 찍으려고 해요. 먼저 무엇을 해야 해요?

→ ______________________

(5) 쇼핑을 갈 거예요. 먼저 무엇을 하면 좋아요?

→ ______________________

새단어 _New Words

이를 닦다	to brush one's teeth
머리를 감다	to wash one's hair
이사	move
이삿짐을 싸다	to pack for moving
빨래를 하다	to do the laundry
거울	mirror

활동 Task

Talk

● 두 사람이 이야기하고 쓰세요.

가 시간이 있을 때 무엇을 해요?
나 영화를 보거나 책을 읽어요.

	나		친구	
시간이 있을 때	영화를 봐요	책을 읽어요		
기분이 좋을 때				
심심할 때				
친구가 보고 싶을 때				

새단어 _New Words
심심하다 to be bored

Listen

● 듣고 질문에 답하세요. Track 16

1. 잘 듣고 알맞은 것을 고르세요.

(1) 지금 무슨 문제가 있어요?

① 휴대 전화가 없어요. ② 휴대 전화를 잃어버렸어요.

③ 휴대 전화를 빌려요. ④ 휴대 전화가 고장 났어요.

(2) 이 문제가 왜 생겼어요?

① 날씨가 너무 더워서 ② 휴대 전화를 잃어버려서

③ 휴대 전화가 물에 빠져서 ④ 휴대 전화가 너무 커서

(3) 이 문제를 해결하는 방법을 두 개 쓰세요.

① ______________________________

② ______________________________

새단어 _New Words

잃어버리다	to get lost
빠지다	to sink (into the water)

Read

● 다음을 읽고 써 보세요.

여러분은 이런 경우에 어떻게 하십니까?

오늘 약속 시간에 늦어서 택시를 탔습니다. 약속 장소에 거의 다 왔을 때 택시비를 내려고 지갑을 찾았습니다. 그런데 가방에 지갑이 없었습니다. 주머니에 2000원이 있었습니다. 택시비는 3500원이었습니다. 그래서 나는 아저씨에게 이렇게 말했습니다.

"아저씨, ____________________." 이 말을 듣고 아저씨는 웃으면서 "그냥 내리세요."라고 말했습니다. 나는 감사 인사를 하고 차에서 내렸습니다.

정말 고마운 아저씨였습니다. 다음부터 약속이 있으면 일찍 출발하거나 지갑을 잘 챙길 겁니다.

1. ________에 어떤 말을 하면 좋을까요?

____

____

2. 나는 기분이 어땠을까요?

① 마음이 아프고 슬펐습니다.　② 행복하고 즐거웠습니다.

③ 당황하고 놀랐습니다.　④ 피곤하고 심심했습니다.

새단어 _New Words

거의	almost, nearby
내다	to pay
주머니	pocket
그냥	as it is, just
챙기다	to pack in order
당황하다	to be embarrassed
놀라다	to be surprised

문화 Cultural Notes

한국의 상황별 전화번호

도움이 필요할 때 알아두면 편리한 전화번호가 있습니다. 평소에 상황별로 다양한 전화번호를 알아두면 긴급한 상황에 효율적으로 대처할 수 있습니다.

아프거나 불이 났을 때는 119에 전화를 합니다. 긴급한 상황이지만 전화를 해서 정확한 위치와 상황을 알려야 합니다. 그리고 장난 전화는 절대 하면 안 됩니다. 경찰에 신고할 일이 생기면 112에 전화를 합니다.

일기예보를 알고 싶을 때는 131에 전화를 합니다. 만약 청파동에서 전화를 걸었다면 청파동의 날씨를 바로 알려줍니다. 또한 여러분이 관광을 하고 있을 때 자기 나라의 언어로 설명을 듣고 싶을 때 1330에 전화를 합니다. 한국어는 1번, 영어는 2번, 일본어는 3번, 중국어는 4번입니다. 해당 번호를 누른 후, 원하는 언어로 안내를 받을 수 있습니다.

서울의 궁금한 것을 알고 싶으세요? 그러면 다산콜센터 120에 전화하면 됩니다. 여러분이 궁금해 하는 서울에 대한 모든 것을 알려 줍니다.

There is a useful telephone number when you need help. If you have information about this telephone number and its function, it will be helpful when you are faced with a crisis. When you get severly hurt or see a fire, please call 119. You have to tell them the correct location. Don't use this number for fun. If you need help from police, you need to dial 112. When you want to know a weather report, dial 131. If you press the number of Cheongpadong, you can immediately get information for the weather of Cheongpadong. If you want to tour Korea, you can get information in your native language. Please, call 1330. Number 1 for Korean, 2 for English, 3 for Japanese and 4 for Chinese. You can get voice services for preferred languages. Do you want to know more about Seoul? Dial 120 which is the Dasan calling center. They will let you know everything about Seoul.

Goals

LESSON 05

아르바이트

Part Time Jobs

학습목표

아르바이트에 대해 말할 수 있다.
두 가지 이상의 것을 비교하여 말할 수 있다.

문법

N 중에서 (among N)
N보다 더/덜 (more than/less than)
V-(으)려면 (if one intends to do)
V-지 마세요 (don't do)
사동사 '-이-' (short causatives)

활동

아르바이트 경험에 대해서 이야기하기
아르바이트 광고 만들기

저는 주말보다 평일이 더 좋아요

Listen Track 17

이민호	링링 씨, 중국어를 가르치는 아르바이트에 관심 있어요?
링링	물론이지요.
이민호	잘됐네요. 제 친구 중에서 중국어를 배우고 싶어 하는 친구가 있어요. 그 친구를 소개해 줄까요?
링링	네, 좋아요. 고마워요.
이민호	그럼 링링 씨는 주말하고 평일 중에서 어느 때가 더 편해요?
링링	저는 주말보다 평일이 더 좋아요.
이민호	그럼 장소는 교실과 커피숍 중에서 어디가 더 좋아요?
링링	교실이 커피숍보다 더 좋아요. 교실이 커피숍보다 덜 시끄러워요.

새단어 _New Words

관심	interest	물론이다	sure, of course	평일	weekday

아르바이트 시간에 늦지 마세요

Listen Track 18

아저씨	어서 오세요.
유키	안녕하세요? 아저씨, 아르바이트생 구하시지요?
아저씨	그래요. 어제 내가 문 앞에 광고를 붙였어요. 그런데 외국 학생이군요. 한국말 잘할 수 있어요?
유키	죄송하지만 제가 한국말을 아직 잘 못해요. 괜찮아요?
아저씨	우리 가게에서 일하려면 한국말을 좀 할 수 있어야 해요.
유키	아저씨, 여기에서 일을 하면 지금보다 더 잘할 수 있을 거예요. 한번 믿어 보세요.
아저씨	허허, 좋아요. 아르바이트 시간과 시급을 알지요?
유키	네, 알고 있어요.
아저씨	그럼 내일부터 같이 일해 봅시다. 아르바이트 시간에 늦지 마세요.
유키	네, 알겠습니다. 고맙습니다.

새단어 _New Words

구하다	to seek	붙이다	to attach	믿다	to believe
광고	advertisement	시급	hourly wage		

아르바이트를 구하려면 어떻게 해요?

Listen Track 19

이소영	유키 씨, 오늘 많이 피곤한 것 같아요.
유키	네, 어제 아르바이트를 해서 너무 피곤해요.
이소영	공부를 잘하려면 아르바이트를 너무 많이 하면 안 돼요.
유키	알겠어요, 선생님. 시간이 좀 지나면 괜찮을 거예요.
이소영	우리반 학생 중에서 아르바이트 하는 학생들이 있지요? 여러분은 아르바이트를 어떻게 구해요?
데이비드	친구가 소개해 주거나 광고를 찾아 봐요.
이소영	그렇군요. 아르바이트도 좋은 경험이에요. 하지만 수업 시간에 졸지 마세요.

새단어 _New Words

지나다	to pass, go by	찾아 보다	to search for
경험	experience	졸다	to nod off

문법 Grammar Focus

● N 중에서 (among N)

'여러 개의 대상 가운데서' 의 뜻을 나타낸다.
'중에서' is attached after a noun which means 'among'.

책 중에서 이 책이 제일 오래됐어요.
이 식당 **메뉴 중에서** 뭐가 가장 맛있어요?
과일 중에서 뭘 제일 좋아하세요?
우리반 **학생들 중에서** 사라 씨 머리가 가장 길어요.
우리 가족은 **고기 중에서** 돼지고기를 가장 좋아해요.

● 연습해 봅시다.

1. 그림을 보고 '중에서'를 사용하여 문장을 만드세요.

(1)

동생은 가족 중에서 엄마를 제일 좋아해요.

(2)

______________ 딸기가 제일 맛있어요.

(3)

저는 ______________ 장미가 제일 예쁜 것 같아요.

(4)  ________________ 강아지를 제일 좋아해요.

(5)  ____________________ 불고기가 제일 유명해요.

2. 친구들과 함께 이야기해 보세요.

(1) 차 중에서 무슨 차를 제일 좋아해요?

→ 레몬차를 제일 좋아해요.

(2) 동물 중에서 뭘 가장 좋아해요?

→ ______________________________

(3) 가수 중에서 좋아하는 사람이 누구예요?

→ ______________________________

(4) 세계 여러 나라 중에서 어느 나라가 가장 넓어요?

→ ______________________________

(5) 운동 중에서 뭘 제일 잘해요?

→ ______________________________

(6) 한국 음식 중에서 제일 좋아하는 음식이 뭐예요?

→ ______________________________

● N보다 + 더/덜 (more than/less than)

기준이 되는 대상과 비교하여 많거나 적음을 나타낼 때 쓴다.

These expressions are used to compare two or more things.

(1) N보다 더

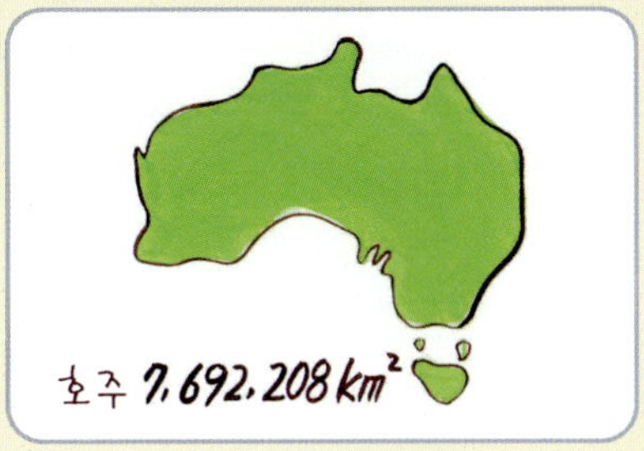

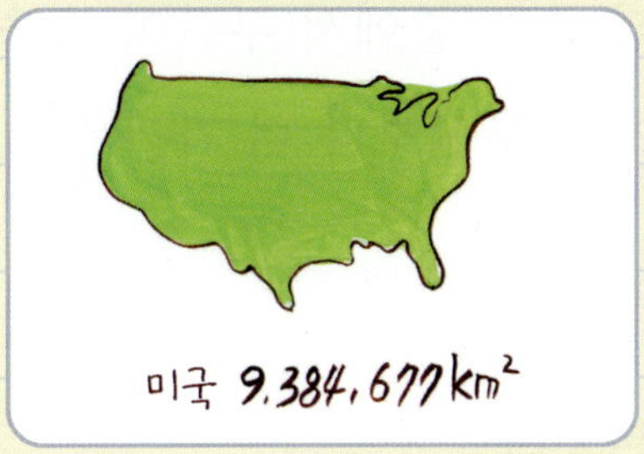

미국과 호주 중에서 미국이 **호주보다 더** 큽니다.

= 호주가 **미국보다 더** 작습니다.

KTX와 고속버스 중에서 KTX가 **고속버스보다 더** 비싸요.

= 고속버스가 **KTX보다 더** 싸요.

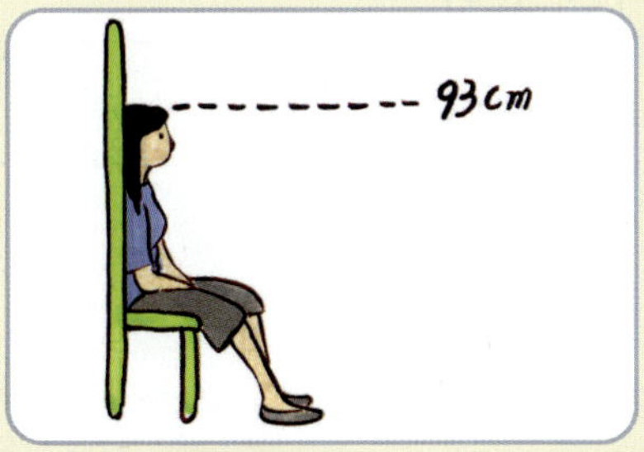

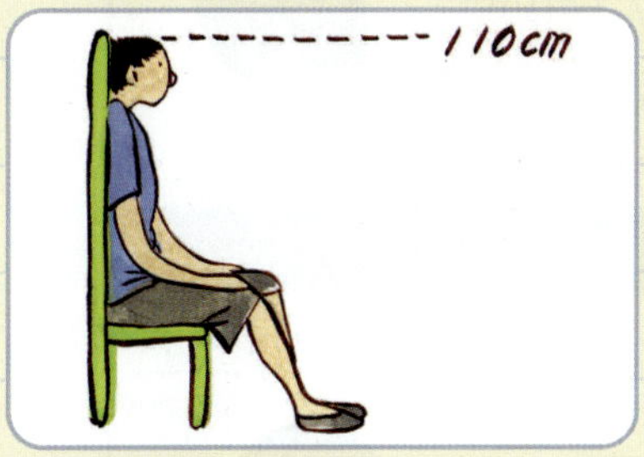

남자와 여자 중에서 남자가 **여자보다 더** 커요.

= 여자가 **남자보다 더** 작아요.

부산과 속초 중에서 부산이 **속초보다 더** 멀어요.

= 속초가 **부산보다 더** 가까워요.

● 연습해 봅시다.

1. 그림을 보고 '보다 더'를 사용하여 문장을 만드세요.

(1)

희수가 철이보다 더 작아요________.

철이가 희수보다 더 커요________.

(2)

원피스가 바지보다 ________________.

바지가 원피스보다 ________________.

(3)

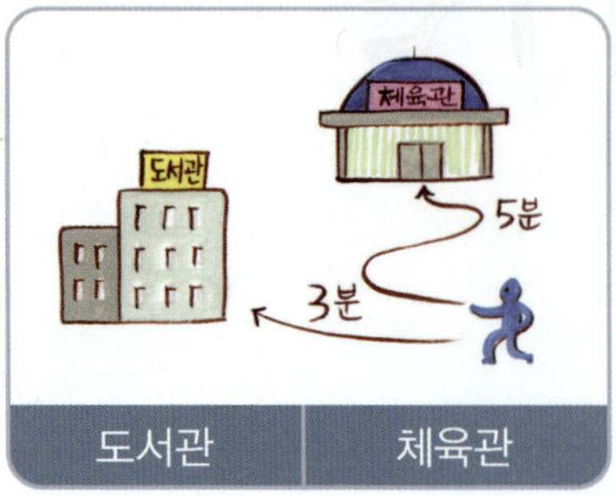

도서관이 체육관보다 ________________.

체육관이 도서관보다 ________________.

(4)

엘리 머리가 제니 머리보다 ________.

제니 머리가 엘리 머리보다 ________.

(5)

왼쪽 의자가 ________________.

오른쪽 의자가 ________________.

(2) N보다 덜

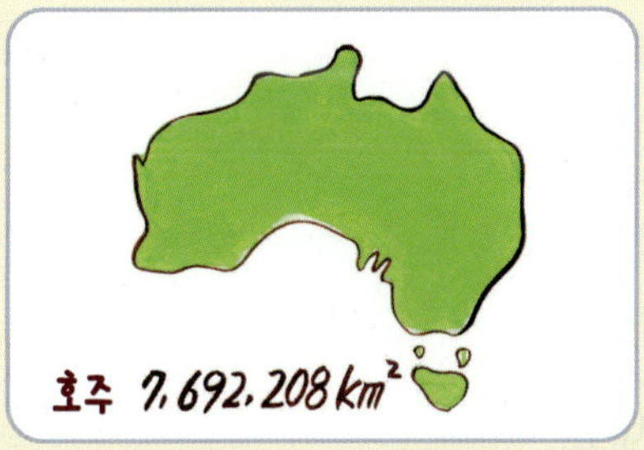

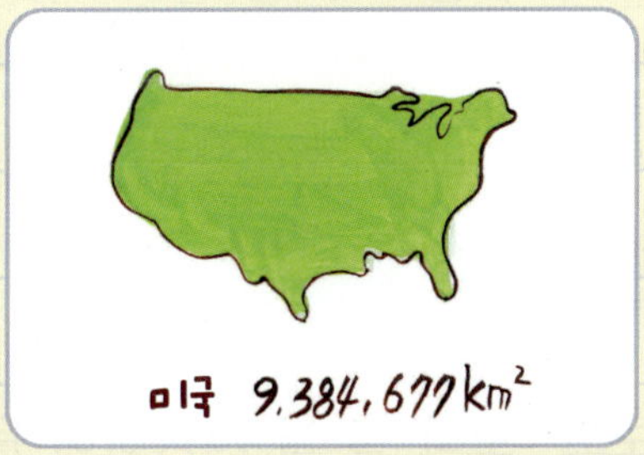

미국과 호주 중에서 미국이 **호주보다 덜** 작습니다.

= 호주가 **미국보다 덜** 큽니다.

KTX와 고속버스 중에서 KTX가 **고속버스보다 덜** 싸요.

= 고속버스가 **KTX보다 덜** 비싸요

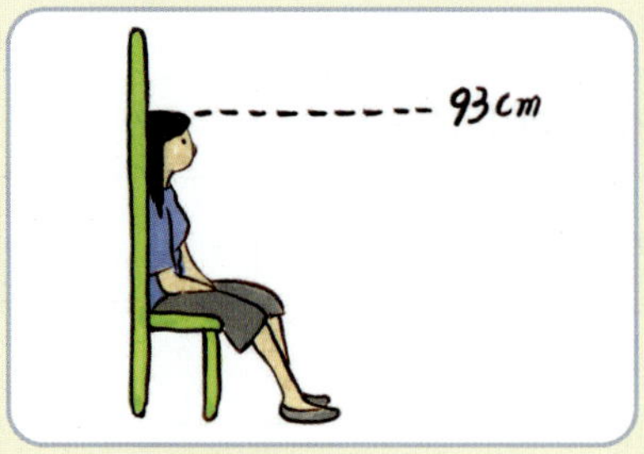

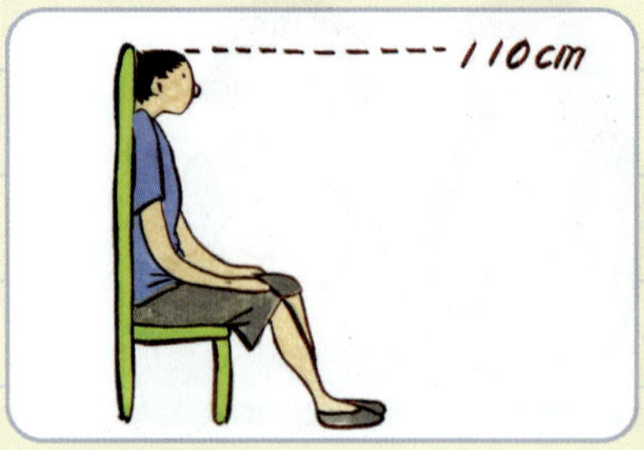

남자와 여자 중에서 남자가 **여자보다 덜** 작아요.
= 여자가 **남자보다 덜** 커요.

부산과 속초 중에서 부산이 **속초보다 덜** 가까워요.
= 속초가 **부산보다 덜** 멀어요.

● 연습해 봅시다.

1. 그림을 보고 '보다 덜'을 사용하여 문장을 만드세요.

(1) 

가: 두 영화 중에서 어떤 영화가 덜 길어요?

나: B영화가 A영화보다 덜 길어요______.

(2) 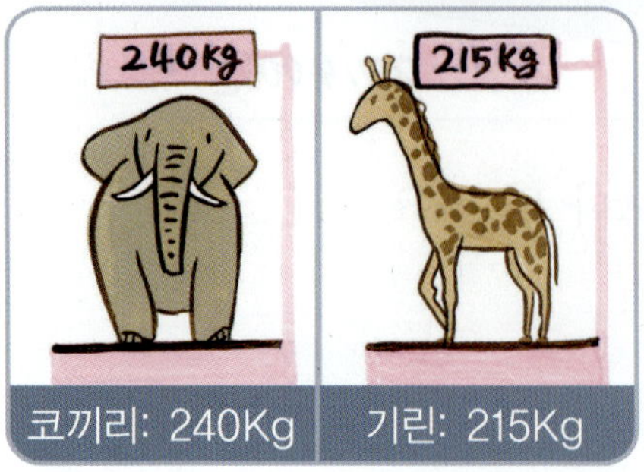

가: 코끼리랑 기린 중에서 어느 것이 덜 무거워요?

나 : ______________________.

(3) 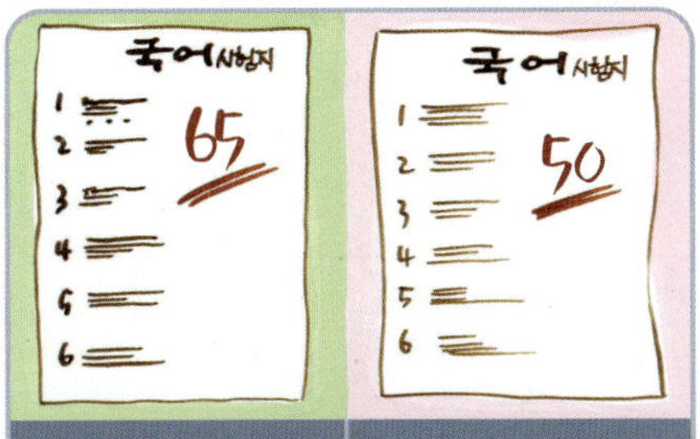

이미연 씨: 65점 | 박진주 씨: 50점

가 : 두 사람 중에서 누가 시험을 덜 못 봤어요?

나 : ______________________________.

(4) 

김진수 씨: 158cm | 이민수 씨: 154cm

가 : 두 사람 중에서 누가 덜 작아요?

나 : ______________________________.

(5) 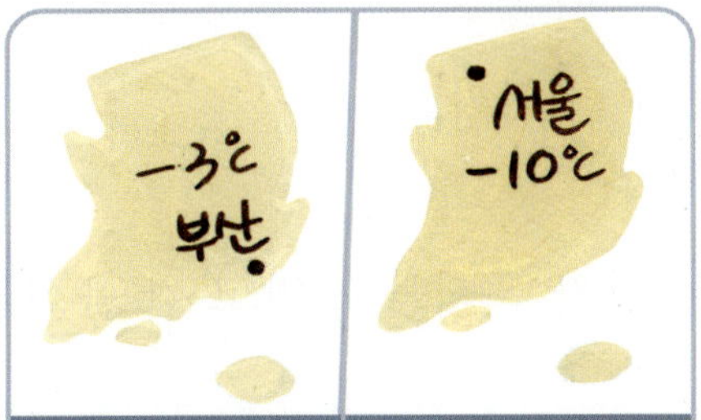

부산: -3°C | 서울: -10°C

가 : ______________________________?

나 : ______________________________.

2. 다음을 잘 읽고 답하세요.

제 여동생은 올해 열두 살입니다. 아직 초등학생이지만 키가 엄마보다 큽니다. 하지만 몸무게는 엄마보다 덜 무겁습니다. 운동도 좋아하고 잘 먹어서 키가 많이 큰 것 같습니다.

제 남동생은 올해 열여덟 살 고등학교 2학년입니다. 책 읽는 것을 좋아하는 동생은 저보다 책을 더 많이 읽습니다. 그런데 동생은 컴퓨터 게임을 자주하는 저보다 눈이 덜 나쁩니다.

키	여동생 (〉) 엄마
몸무게	여동생 (　) 엄마
독서	남동생 (　) 나
시력	남동생 (　) 나

(1) 여동생은 엄마보다 ______________________.

(2) 여동생은 엄마보다 몸무게가 덜 ______________________.

(3) 나는 남동생보다 책을 ______________________.

(4) 남동생은 나보다 눈이 ______________________.

3. 다음 여러 가지 비교하는 질문이 있습니다. 친구들과 이야기해 보세요.

세경 한국하고 아루 씨 나라 중에서 어디 물가가 더 비싸요?
아루 제 고향이 더 비싸요.
세경 일본도 집값이 비싸요?
아루 그럼요. 그리고 일본 교통비가 한국보다 더 비싸요.
세경 음식값은 어때요?
아루 한국이 일본보다 덜 비싸요. 한국에는 비싼 음식들도 많고 싼 음식들도 많아요.

비 교	질 문
서울 : ○○씨의 나라	어디 물가가 더 비싸요?
서울 : ○○씨의 고향	어디 공기가 더 좋아요?
한국어 듣기 : 한국어 말하기	뭐가 더 어려워요?
커피 : 녹차	무엇을 더 좋아해요?
액션 영화 : 로맨스 영화	무엇을 더 많이 봐요?
명동 : 인사동	어디가 더 재미있어요?
데스크톱 : 노트북	뭐가 더 편해요?

새단어 _New Words

눈이 나쁘다	to have weak eyes	액션	action	노트북	laptop computer
값	price	로맨스	romance	시력	eyesight
교통비	fare	데스크톱	desktop computer		

● V-(으)려면 (if one intends to do)

'-(으)려고 하면'의 준말로 의도하는 상황을 나타내기 위한 조건을 나타낼 때 쓴다. 'ㄹ'을 제외한 받침 있는 동사 어간 뒤에 '-으려면', 받침 없는 동사 어간, 'ㄹ' 받침으로 끝나는 동사 어간 뒤에 '-려면'을 쓴다.

'-으려면' is the abbreviation form of '-(으)려고 하면'. These intentive endings express an intention or future plan. '-으려면' is attached after the verb stem which ends with consonants except 'ㄹ'. '-려면' is attached after the verb ends with 'ㄹ'.

가다	가 + 려면	가려면
먹다	먹 + 으려면	먹으려면
살다*	살 + 으려면 → 살 + 려면	살려면
듣다*	듣 + 으려면 → 들 + 으려면	들으려면

졸업을 **하려면** 졸업시험을 봐야 해요.
이 옷을 **입으려면** 먼저 살을 빼세요.
한국에서 **살려면** 한국어를 알아야 해요.
음악을 **들으려면** 먼저 전원을 켜세요.

● 연습해 봅시다.

1. '-(으)려면'을 사용하여 문장을 만드세요.

(1) 살을 (빼다) 빼려면 운동을 하세요.

(2) 일찍 (일어나다) ______________ 밤에 일찍 자야 돼요.

(3) 아르바이트를 (구하다) ______________ 광고를 잘 봐야 돼요.

(4) 은행에서 돈을 (찾다) ______________ 카드가 필요해요.

(5) 날씨를 (알다) ______________ 신문을 보세요.

(6) 김치를 (만들다) ______________ 배추랑 무가 있어야 돼요.

2. '-(으)려면' 을 사용하여 문장을 만드세요.

(1) 가: 왜 그렇게 빨리 준비해요?

나: 약속 시간에 도착하려면 빨리 가야 돼요.

(2) 가: 여권을 ________ 뭐가 필요해요?

나: 사진하고 신분증이 필요해요.

(3) 가: 지난 시험에 장학금을 받았어요?

나: 아니요, 장학금을 ________ 더 열심히 공부해야 돼요.

(4) 가: 한국어를 ________ 어떻게 해야 돼요?

나: 드라마를 많이 보거나 한국 친구와 이야기를 많이 하세요.

(5) 가: 제주도에 ________ 비행기를 타야 돼요?

나: 네, 하지만 배로도 갈 수 있어요.

3. 친구와 이야기해 보세요.

(1) 서울에서 부산에 가려면 무엇을 타야 해요?

(2) 한국말을 잘하려면 어떻게 해야 해요?

(3) 감기에 안 걸리려면 어떻게 해요?

(4) 살을 빼려면 어떻게 해야 해요?

(5) 한국 기념품을 사려면 어디에 가면 좋아요?

새단어 _New Words

전원	power
돈을 찾다	to withdraw money
살을 빼다	to lose weight
장학금	scholarship
기념품	souvenir
신분증	ID card

● V-지 마세요 (don't)

동사에 연결되어 금지를 나타낸다.

This pattern indicates the prohibition against the action or state of the main verbs.

내일은 쉬는 날이에요. 학교에 **오지 마세요**.

교실에서 담배를 **피우지 마세요**. 밖으로 나가서 피우세요.

벽에 **낙서하지 마세요**.

여기에 **앉지 마세요**. 물이 있어요.

● 연습해 봅시다.

1. 그림을 보고 '-지 마세요'를 사용하여 문장을 만드세요.

피우다 뛰다 사용하다 찍다 주차하다

(1)

건물 안에서 담배를 피우지 마세요.

(2)

박물관에서 ______________________.

(3)

시험을 볼 때 ______________________.

(4) 

여기에 ______________________________.

(5) 

계단에서 ____________________________.

2. '–지 마세요'를 사용하여 문장을 만드세요.

(1) 가: 늦어서 죄송합니다.

나: 네, 다음부터 늦게 오지 마세요.

(2) 가: 여기에서 길을 건너도 돼요?

나: 아니요, ____________________. 횡단보도에서 길을 건너야 돼요.

(3) 가: 지금 TV를 켜도 돼요?

나: 아니요, ____________________ 아직 식사가 안 끝났어요.

(4) 가: 오늘 반바지를 입어도 괜찮아요?

나: ____________________.

오늘 날씨가 좀 추워요.

(5) 가: 여기에 쓰레기를 버릴까요?

나: 아니요, 여기에 ____________________.

저기 쓰레기통이 있어요.

새단어 _New Words

건물	building
낙서하다	to scribe
계단	stairs
뛰다	to run
건너다	to go (cross) over
횡단보도	pedestrian crossing
쓰레기	waste, garbage
쓰레기통	dustbin
버리다	to throw away

● 사동사 '-이-' (short causatives)

사동사를 만들기 위하여 일부 동사 어간에 '-이-'를 붙인다.

In order to make short causatives, the suffix '-이-' is attached to a transitive verb stem.

-이-	먹다 - 먹이다
	죽다 - 죽이다
	붙다 - 붙이다
	속다 - 속이다

아이가 감기약을 **먹어요.**

엄마가 아이에게 감기약을 **먹여요.**

모기가 **죽었어요.**

동생이 모기를 책으로 **죽였어요.**

게시판에 광고가 **붙었어요.**

학생들이 게시판에 광고를 **붙였어요.**

동생이 형의 거짓말을 믿었어요. 동생이 **속았어요.**

형은 동생에게 거짓말을 했어요. 형이 동생을 **속였어요.**

● 연습해 봅시다.

1. 문장을 만드세요.

(1) 아이가 감기에 걸려서 어머니가 아이에게 약을 먹여요 ____________.

(2) 저는 책으로 모기를 ____________.

(3) 우표를 봉투에 ____________.

(4) 거짓말은 나빠요. 사람들을 ____________지 마세요.

2. 친구들과 이야기해 보세요.

(1) 토끼에게 뭘 **먹여요**?

(2) 말한테 뭘 **먹여요**?

(3) 아기에게 매운 김치를 **먹일** 수 있어요?

(4) 모기를 어떻게 **죽여요**?

(5) 바퀴벌레를 잘 **죽일** 수 있어요?

(6) 우리 교실 벽에 뭘 **붙였어요**?

(7) 이 종이를 벽에 **붙이고** 싶어요. 뭐가 필요해요?

(8) 다른 사람을 **속여** 봤어요?

(9) 다른 사람을 **속일** 때 얼굴이 빨개져요?

새단어 _New Words

모기	mosquito
게시판	bulletin
우표	stamp
바퀴벌레	cockroach
빨개지다	to turn red

활동 Task

Talk

● 친구와 이야기해 보세요.

1. 여러분 나라에서는 학생들이 어떤 아르바이트를 많이 해요?

2. 한국에서는 학생들이 어떤 아르바이트를 많이 해요?

3. 어떤 아르바이트를 해 봤어요?

4. 아르바이트를 해서 월급을 받으면 무엇을 하고 싶어요?

새단어 _New Words	
월급	salary

Listen

● 듣고 질문에 답하세요. Track 20

1. 들은 이야기와 맞으면 ○, 틀리면 × 하세요.

(1) 지난번 아르바이트가 더 힘들었어요. ☐

(2) 이 사람은 주문을 받는 아르바이트를 해요. ☐

(3) 주문을 잘 받으려면 듣기와 말하기 모두 잘 해야 해요. ☐

2. 이 사람은 어떤 손님을 만나면 힘들어 해요?

새단어 _New Words	
지난번	the last time, the other day
다행이다	that's fortunate

Read

● 다음을 읽고 답해 보세요.

링링 씨는 옷 가게에서 아르바이트를 합니다. 옷 가게 사장님이 붙인 광고를 보고 아르바이트를 결심했습니다.

아르바이트가 쉽지 않지만 한국어도 배우고 용돈도 벌어서 좋습니다. 시간은 평일 두 시부터 일곱 시까지입니다. 시급은 5000원입니다. 손님이 많아서 다른 아르바이트보다 더 힘들지만 월급을 더 많이 받아서 좋습니다.

월급을 받으면 여행을 가려고 합니다. 한국의 여러 도시 중에서 경치가 좋은 곳으로 가고 싶습니다.

(1) 링링 씨는 어떻게 아르바이트를 구했습니까?

____

(2) 링링 씨는 하루에 얼마나 법니까?

____

(3) 아르바이트를 하면 좋은 점은 무엇입니까?

____

(4) 링링 씨는 월급을 받으면 어디로 여행을 가고 싶어 합니까?

____

새단어 _New Words

결심하다	to determine
도시	city
돈을 벌다	to earn money
경치	scenery

Write

● 말하고 쓰세요.

여러분은 어떤 아르바이트를 하고 싶습니까? 아르바이트를 구하는 광고를 내 봅시다. 광고에 무엇을 써야 합니까? 여러분의 광고를 만들어 봅시다.

(1) 아르바이트를 어떻게 구할 수 있나요?

- 친구한테 부탁해요.
-
-
-

(2) 광고를 만들 때 무엇을 써야 하나요?

- 전화번호
-
-
-

(3) 광고를 낼 수 있는 방법

- 게시판에 붙여요.
-
-
-

(4) 광고를 만들어 봅시다

보기

중국어 과외

중국 상해에서 온 29살 남자입니다.

중국에서 ○○ 대학교를 졸업했고 한국에서 중국어를 가르쳐 봤습니다.

지금은 숙대에서 한국어를 배우고 있습니다.

과외비는 한 시간에 15,000원이고 학교나 학교 근처에서 공부할 수 있습니다.

열심히 가르쳐 드리겠습니다.

연락처: 010-1234-2345 wow@hotmail.com

나의 광고

문화 Cultural Notes

한국의 이색 아르바이트

요즘 한국에는 재미있는 아르바이트가 많이 있습니다. 아침에 사람을 깨워주는 모닝콜 아르바이트가 있습니다. 아침에 신청자에게 전화를 해서 시를 읽어주거나 날씨를 알려주고 노래를 불러주기도 합니다. 대부분의 신청자들은 2번 이상 깨워주는 서비스를 추가로 신청한다고 합니다. 또, 결혼식과 관련한 재미있는 아르바이트도 있습니다. 하객이 적은 신부나 신랑을 위해 친구나 동료처럼 하객으로 결혼식에 가는 아르바이트입니다. 점심도 먹고 일당도 받을 수 있다고 합니다. 미래의 신부를 위해 색다른 프러포즈를 준비하는 남자들을 위해 이벤트나 프러포즈를 도와주는 아르바이트도 있습니다. 선거철에는 선거와 관련되어 선거송 녹음, 선거 유세 지원 등을 하는 아르바이트도 있습니다.

Nowadays there are many interesting part time jobs in Korea. There are part time jobs that wake people up in the morning. They provide services which include reading poems, telling the weather or singing on the phone. It is said that many people want an additional service which wakes them up more than twice. And, there are interesting part time jobs related to weddings. People attend weddings as if they were friends of the bride or bridegroom who may not have many friends to attend his or her wedding. They can kill two birds with one stone: having a delicious lunch and making money. There are part time jobs whose service is to help a man prepare for special events or a proposal for his future wife. We have part time jobs related to elections. Their business is to record election songs and help campaigns.

Goals

LESSON 06

바람

Hope

학습목표

상황에 대한 주관적 평가를 할 수 있다.
바라는 일에 대해 말할 수 있다.

문법

N(이)나/N밖에 (as much as)
ㅅ 불규칙 (irregular 'ㅅ')
A/V-(으)면 좋겠다, A/V-았/었/였으면 좋겠다 (I wish)
A/V-(으)니까 (since~)

활동

긍정적/부정적으로 표현하기
바라는 사항과 그 이유 표현하기

용돈을 450,000원이나 받아요?

Listen Track 21

유키	부모님께서 한 달에 용돈을 얼마 주세요?
링링	450,000원 정도 주세요.
유키	네? 450,000원밖에 안 받아요?
	조금 받네요. 부족하지 않아요?
링링	네, 가끔 부족할 때가 있어요.
김지선	와! 링링 씨, 용돈을 450,000원이나 받아요? 좋겠어요.
링링	지선 씨는 부모님께 용돈을 얼마 받아요?
김지선	저는 용돈을 안 받아요. 아르바이트를 해서 용돈을 벌어요.
	링링 씨도 용돈이 부족하면 아르바이트를 해 보세요.

새단어 _New Words

용돈 pocket money　　부족하다 to be insufficient　　벌다 to earn

5cm만 더 크면 좋겠어요

Listen Track 22

김지선	링링 씨는 예쁘고 날씬해요. 완벽해서 참 좋겠어요. 부러워요.
링링	아니에요. 사실 저는 작은 키 때문에 고민이에요.
김지선	네? 키 때문에 고민이에요?
링링	저는 제 친구들보다 키가 좀 작아요. 5cm만 더 크면 좋겠어요.
김지선	저는 링링 씨가 안 작은 것 같은데요.
링링	하하, 아니에요. 사실 제 구두 굽이 좀 높아서 사람들은 잘 몰라요.
김지선	그래요? 그럼 링링 씨는 키가 몇이에요?
링링	비밀이에요.

새단어 _New Words

부럽다	to envy	사실	actually	굽	heel
완벽하다	to be perfect	고민	worry	비밀	secret

시간이 없으니까 빨리 다녀오세요

Listen

Track 23

이민호	유키 씨, 오늘 날씨가 정말 덥네요. 목마르지요?
유키	네, 목말라요. 시원한 음료수 좀 마시면 좋겠어요.
이민호	그럼 제가 가게에서 마실 것을 좀 사 올게요.
유키	지금이요? 공연 시간이 20분밖에 안 남았는데 괜찮아요?
이민호	빨리 다녀오면 괜찮을 거예요.
유키	가까운 곳에 가게가 있었으면 좋겠네요!
이민호	어! 저기 가게가 두 개나 있네요. 유키 씨, 뭐 마시고 싶어요?
유키	저는 다 좋아요. 시간이 없으니까 빨리 다녀오세요.

새단어 _New Words

목마르다	to be thirsty	공연	performance, show	다녀오다	to get back
음료수	beverage	남다	to be left		

문법 Grammar Focus

● N(이)나/N밖에 (as much as)

'N(이)나' 는 예상보다 많을 때 사용한다. 주로 수량을 나타내는 말과 결합한다. 받침이 없는 부사나 명사 뒤에는 '-나', 받침이 있는 명사나 부사 뒤에는 '-이나' 를 쓴다. 'N밖에' 는 예상보다 적을 때 사용한다. '-만' 과 같은 의미이다. '안' 이나 '못' 등 반드시 뒤에 부정을 나타내는 말이 온다.

'N(이)나' implies that the amount is more than expected or anticipated. Nouns ending in a consonant, '-이나' is attached while nouns ending in a vowel take '-나'. While 'N 밖에' implies that the amount is less than expected or anticipated, it also implies a limit for explaining a preceding context or situation.

● N(이)나

가: 같이 저녁 먹을까요?

나: 점심에 밥을 **이 인분이나** 먹어서 배가 안 고파요.

가: 아이스크림을 몇 개 드셨어요?

나: 네, 너무 더워서 **5개나** 먹었어요.

가: 한국에서 고향까지 비행기로 10시간 걸려요.

나: 네? **10시간이나** 걸려요? 정말 머네요.

● 연습해 봅시다.

1. 그림을 보고 '(이)나' 를 사용하여 문장을 만드세요.

(1)

올해 키가 10cm나 컸어요 .

(2) 

저는 지난주에 쇼핑을 ________________ 했어요.

(3) 

어젯밤에 잠을 ________________ 잤어요.

(4) 

저는 어제 구두를 ________________ 샀어요.

(5) 

부모님께서 용돈을 ________________ 주셨어요.

(6) 

생일 선물을 ________________ 받았어요.

- **N밖에**

가: 시간이 얼마나 걸렸어요?

나: **10분밖에** 안 걸렸어요.

가: 밥 많이 드셨어요?

나: 아니요, **조금밖에** 안 먹었어요.

가: 친구가 몇 명 왔어요?

나: **한 명밖에** 안 왔어요.

● 연습해 봅시다.

1. '밖에'를 사용하여 문장을 만드세요.

(1) 가: 숙제 다 했어요?

나: 아니요, 조금밖에 못 했어요. (조금만 했어요)

(2) 가: 돈 좀 빌려 주세요.

나: 지금 ______________. 1000원도 괜찮아요? (1000원만 있어요)

(3) 가: 하루에 몇 시간 공부해요?

나: ______________________. (한 시간만 공부해요.)

(4) 가: 언니나 동생 있어요?

나: ______________________. (동생만 있어요.)

(5) 가: 언제 시간이 있어요?

나: 평일에는 바쁘고 ______________. (주말만 시간이 있어요.)

(6) 가: 언제 저녁 먹을까요? 많이 배 고파요?

나: 네, 너무 배고파요. ______________. (아침만 먹었어요.)

2. '(이)나' 나 '밖에'를 빈칸에 쓰세요.

(1) 가: 왜 이렇게 늦었어요?

나: 길에 차가 많아서 2시간 이나 걸렸어요.

(2) 가: 선생님, 시간이 얼마 남았어요?

나: 5분 ________ 안 남았어요. 빨리 하세요.

(3) 가: 생일파티에 친구들이 많이 왔어요?

나: 네, 50명 ________ 왔어요.

(4) 가: 시간 있을 때는 영화를 세 편 정도 봐요.

나: 세 편 ________ 봐요? 와~ 정말 영화를 좋아하시네요.

(5) 가: 여행 많이 하셨어요?

나: 아니요, 설악산 ________ 못 가 봤어요.

3. 친구들과 이야기해 보세요?

(1) 일주일에 몇 번 운동해요?

(2) 하루에 집에서 한국어 공부를 얼마나 해요?

(3) 보통 하루에 몇 시간 자요?

(4) 지금까지 남자(여자) 친구가 몇 명 있었어요?

(5) 지금 지갑 안에 얼마 있어요?

새단어 _New Words

편	volume, chapter, piece
지갑	wallet
남다	to be left / remain

● ㅅ 불규칙 (irregular ‘ㅅ’)

어간이 ㅅ으로 끝나는 일부 동사의 뒤에 모음이 오면 ㅅ이 탈락된다. 모음이 아닌 자음이 오면 ㅅ이 탈락되지 않는다.

In some verbs stem ending in a consonant ‘ㅅ’ is dropped when it comes before a verb which starts with a vowel. But ‘ㅅ’ is not dropped when it comes before a verb which starts with a consonant.

	-고	-아/어/여요	-았/었/였어요	-(으)면
낫다	낫고	나아요	나았어요	나으면
짓다				
잇다				
웃다	웃고	웃어요	웃었어요	웃으면
씻다				

● 연습해 봅시다.

1. 알맞은 동사를 써 넣으세요.

(1) 가: 지금도 감기 때문에 많이 아파요?

나: 아니요, 괜찮아요. 많이 나았어요. (–았/었/였어요)

(2) 가: 이 집은 언제 ______________. (–았/었/였어요)?

나: 12년 전에요.

(3) 노래를 끝내면 안 돼요.

다음 사람이 노래를 ______________ 부르세요. (–아/어/여서)

(4) 가: 오늘도 학교에 안 갔어요? 언제 갈 거예요?

나: 눈병이 ______________ 갈 거예요. (–(으)면)

(5) 영화가 재미있어서 우리는 다같이 ______________. (–았/었/였어요)

(6) 식사 시간이에요. 손을 ______________. (–(으)세요)

● A/V-(으)면 좋겠다, A/V-았/었/였으면 좋겠다 (I wish~)

말하는 사람의 소망이나 바람을 나타내는 표현이다. 'ㄹ' 을 제외한 받침 있는 동사나 형용사 어간, '–았–' 뒤에는 '–으면 좋겠다' 를, 받침이 없거나 'ㄹ' 받침으로 끝나는 동사나 형용사 어간, '이다', '아니다' 뒤에는 '–면 좋겠다' 를 쓴다.

This pattern indicates a speaker's hope or wish. After both adjective and verb stem endings with consonants except 'ㄹ', '-으면 좋겠다' is attached. Both adjective and verb stem endings with a vowel or 'ㄹ' consonant, '이다', '아니다', '-면 좋겠다' are attached.

보다	보 + 면 좋겠다	보면 좋겠다
날씬하다	날씬하 + 면 좋겠다	날씬하면 좋겠다
먹다	먹 + 으면 좋겠다	먹으면 좋겠다
멋있다	멋있 + 으면 좋겠다	멋있으면 좋겠다
듣다*	듣 + 으면 → 들 + 으면 좋겠다	들으면 좋겠다
살다*	살 + 으면 → 살 + 면 좋겠다	살면 좋겠다

가: 지금 뭐 할까요?

나: 재미있는 영화를 **보면 좋겠어요.**

가: 바라는 게 뭐예요?

나: 지금보다 **날씬하면 좋겠어요.**

가: 어디에서 살고 싶어요?

나: 다 좋아요. 가족과 함께 **살았으면 좋겠어요.**

● 연습해 봅시다.

1. '-(으)면 좋겠다'와 '-았/었/였으면 좋겠다'를 사용하여 문장을 만드세요.

(1) 노래를 잘 못해요.

노래를 잘하면/잘했으면 좋겠어요 . (노래를 잘하다)

(2) 동생이 아파요.

동생이 ________________ . (건강하다)

(3) 지금 살고 있는 집이 너무 작아요.

큰 집으로 ________________________________. (이사하다)

(4) 내일 한국어 시험을 봐요.

문제가 ________________________________. (쉽다)

(5) 오랫동안 비가 안 왔어요.

이번주에는 ________________________________. (비가 오다)

(6) 노트북이 고장 났어요.

노트북을 빨리 ________________________________. (고치다)

2. '-(으)면 좋겠다' 나 '-았/었/였으면 좋겠다' 를 사용하여 문장을 만드세요.

(1) 가: 방학에 어디에 가고 싶어요?

나: 바다에 가면 좋겠어요. (바다)

(2) 가: 주말에 어떤 영화를 볼까요?

나: ________________________________. (공포 영화)

(3) 가: 내일 어떤 색 옷을 살 거예요?

나: ________________________________. (시원한 색 옷)

(4) 가: 어떤 운동을 배우고 싶어요?

나: ________________________________. (태권도)

(5) 가: 어떤 선물을 받고 싶어요?

나: ________________________________. (기타)

3. 그림을 보고 '-(으)면 좋겠다' 나 '-았/었/였으면 좋겠다' 를 사용하여 문장을 만드세요.

(1)

가: 오늘 너무 덥죠?

나: 네, 차가운 아이스 크림을 먹었으면 좋겠어요.

(2)

가: 내일 부산으로 여행 가세요?

나: 네, 내일 ______________________.

(3)

가: 지금 살고 있는 집이 불편하죠?

나: 네, 그래서 ______________________.

(4)

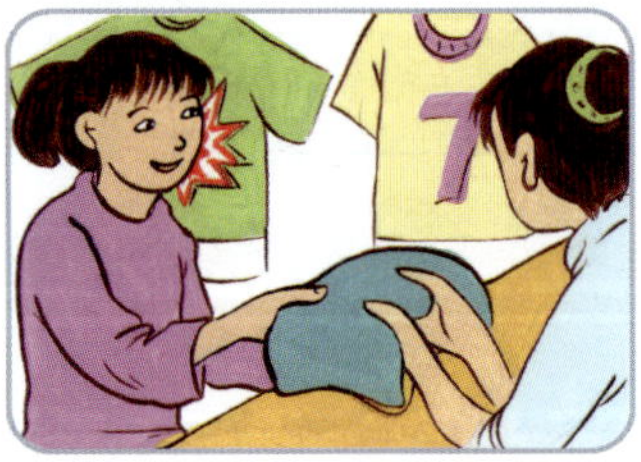

가: 어제 산 티셔츠가 마음에 들어요?

나: 아니요. 마음에 안 들어요.

다시 가서 ______________________.

(5)

가: 남편이 집에서 요리를 자주 하세요?

나: 아니요, 저희 남편은 요리할 줄 몰라요.

남편이 ______________________.

새 단어 _New Words

바라다	to wish	고치다	to fix
건강하다	to be healthy	불편하다	to be uncomfortable
이사하다	to move in	마음에 들다	to favor

● A/V-(으)니까 (since~)

앞의 내용이 뒤의 내용에 대하여 이유나 판단의 근거임을 나타낸다. 명령형이나 청유형과 자연스럽게 어울려서 쓰인다. 'ㄹ' 을 제외한 받침 있는 동사 어간이나 형용사 어간, '-았-', '-겠-' 뒤에는 '-으니까' 를, 받침 없는 동사나 형용사 어간, 'ㄹ' 받침으로 끝나는 동사나 형용사 어간 '이다', '아니다' 뒤에는 '-니까' 를 쓴다.

This pattern indicates that a preceding clause is the reason for that of the second clause. This pattern is naturally used with imperative and propositive forms. After both adjective and verb stem endings with consonants except 'ㄹ, -았-, -겠-', '-으니까' are attached. After both adjective and verb stem endings with a vowel or 'ㄹ, 이다, 아니다', '-니까' are attached.

만나다	만나 + 니까	만나니까
날씬하다	날씬하 + 니까	날씬하니까
먹다	먹 + 으니까	먹으니까
멋있다	멋있 + 으니까	멋있으니까
듣다*	듣 + 으니까 → 들 + 으니까	들으니까
살다*	살 + 으니까 → 사 + 니까	사니까

명동이 **유명하니까** 사람들이 많이 가요.
시간이 **많으니까** 여기에서 잠깐 쉴까요?
배고프니까 먼저 식사하러 가세요.
날씨가 **추우까** 빨리 집에 갑시다.
한국에서 **사니까** 좋지요?

● 연습해 봅시다.

1. '-(으)니까' 를 사용하여 문장을 만드세요.

(1) 날씨가 좋아요. 소풍갑시다.

→ 날씨가 좋으니까 소풍갑시다 .

(2) 오늘 시간이 없어요. 내일 만날까요?

→ ______________________________.

(3) 공부를 많이 했어요. 잠깐 쉴까요?

→ ______________________________.

(4) 바람이 많이 불어요. 창문을 닫읍시다.

→ ______________________________.

(5) 손님이 집에 와요. 빨리 청소하세요.

→ ______________________________.

(6) 김치찌개는 너무 매워요. 비빔밥을 드세요.

→ ______________________________.

2. '-(으)니까'를 사용하여 문장을 만드세요.

(1) 

날씨가 더우니까 ______________ 수영하러 갈까요?

(2) 

______________ 지하철을 탑시다.

(3) 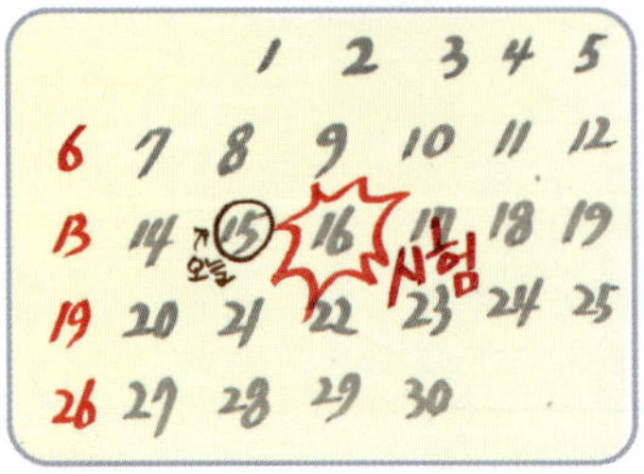

______________ 열심히 공부하세요.

(4)  ________________ 조용한 곳으로 갈까요?

(5) 

________________ 옆 가게로 갑시다.

(6)  ________________ 걸을 수 없어요.

3. '-아/어/여서'와 '-(으)니까' 중에서 맞는 것을 고르세요.

(1) 이 식당에는 사람이 (많아서/많으니까) 다른 식당으로 갑시다.

(2) 감기에 (걸려서/걸렸으니까) 학교에 못 갔어요.

(3) 이 영화는 별로 (재미없어서/재미없으니까) 다른 걸 보는 게 어때요?

(4) 청소를 다 (해서/했으니까) 집에 가세요.

(5) 김치는 너무 (매워서/매우니까) 못 먹겠어요.

(6) 친구는 열심히 (준비해서/준비했으니까) 좋은 가수가 되었어요.

(7) 지금 요리를 하고 (있어서/있으니까) 창문을 좀 열어 주세요.

새단어 _New Words	
걷다	to walk
준비하다	to prepare

활동 Task

Talk

● 두 사람이 이야기하고 쓰세요.

가: 학교 생활에서 불편한 점이 뭐예요?
나: 도서관에서 책을 빌릴 수 없으니까 불편해요.
외국인 학생도 책을 빌릴 수 있으면 좋겠어요.

	불편한 점	바꾸고 싶은 점
학교생활에서	도서관에서 책을 빌릴 수 없어요.	책을 빌릴 수 있으면 좋겠어요.
집에서		
길에서		
식당에서		

새 단어 _New Words
생활 life

Listen

● 듣고 질문에 답하세요. Track 24

1. 올해 지선 씨의 계획은 무엇입니까?

2. 지선 씨가 받고 싶어하는 것은 무엇입니까?

① 졸업증 ② 면허증 ③ 수료증 ④ 확인증

3. 데이비드 씨는 왜 이사를 하고 싶어 합니까?

새단어 _New Words	
벌써	already
끝내다	to finish
남다	to be/remain
합격하다	to pass
아직	still
면허증	license
떨어지다	to fall, drop

Read

● 읽고 쓰세요.

긍정적인 사람과 부정적인 사람

긍정적인 사람과 부정적인 사람은 다른 것이 있습니다. 긍정적으로 생각하는 사람은 마음이 항상 행복합니다. 그리고 몸도 건강해서 부정적인 사람보다 큰 병에 덜 걸립니다. 그리고 병에 걸리면 빨리 나을 수 있습니다.

긍정적인 사람은 자신이 잘한 것을 생각합니다. 그래서 이렇게 말합니다. "와~ 이번 시험 점수가 지난 시험보다 5점이나 올랐어요. 잘했죠?" 부정적인 사람은 더 좋은 점수를 받았지만 이렇게 말합니다. "제 친구는 95점이에요. 그런데 저는 90점밖에 못 받았어요. 너무 못했지요?". 이렇게 다른 사람과 비교하고 못한 것만을 생각합니다. 여러분은 어느 쪽입니까?

1. 위의 내용과 같은 것을 모두 고르세요.

① 긍정적인 사람은 마음만 건강합니다. ☐

② 긍정적인 사람이 병에 걸리면 빨리 나을 수 있습니다. ☐

③ 긍정적인 사람이 병에 더 잘 걸립니다. ☐

④ 긍정적인 사람은 항상 다른 사람이 잘한 것을 생각합니다. ☐

⑤ 부정적인 사람은 자신이 못한 것만을 생각합니다. ☐

2. 컵에 물이 반 있습니다. 이 그림을 보고 긍정적인 사람과 부정적인 사람은 어떻게 말할까요?

• 긍정적인 사람: "______________________________."

• 부정적인 사람: "______________________________."

새단어 _New Words

긍정적이다 to be positive
부정적이다 to be negative

Write

- 쓰세요.

10년 동안 이루고 싶은 꿈이 무엇입니까? 하고 싶은 일이나 가고 싶은 곳, 되고 싶은 사람 등을 써 보세요. 그리고 그 이유도 써 보세요.
'-으면 좋겠다', '-(으)니까' 를 사용하여 쓰세요.

문화 Cultural Notes

한국의 선물

한국에는 다양한 선물의 종류가 있습니다.

설날과 추석 같은 명절에는 친지와 친구들과 선물을 주고받습니다. 그동안 고마웠던 사람들에게 선물을 줍니다. 설날이나 추석에는 식료품 세트를 주로 많이 선물합니다.

아기들의 첫 생일인 돌에는 아기들에게 옷이나 금반지를 선물로 줍니다. 또, 새집에 이사를 갔을 때는 집 주인이 번창하라는 의미로 두루마리 화장지나 세제 등을 축하 선물로 줍니다.

연인들은 2월 14일 발렌타인데이나 3월 14일 화이트데이에 초콜릿과 사탕을 주고받습니다. 연인들은 사귄 지 100일이나 1주년을 기념하여 선물을 주고받기도 합니다.

There are various types of presents in Korea. Korean people give and take presents together on special days. They present gifts to the people who they want to say thank you to. On New Year's day or Korean thanksgiving day, Koreans prepare gifts like meat, oil or fruits for family members. For a baby's first birthday, 'Dol', guests or family members give baby clothes or a gold ring. When friends move into a new house, his/her friends usually offer rolls of paper or detergent for blessing, and prosperity.

Couples give chocolates on 14, Feb. Valentine's day, candies on 14, Mar. White day. And, they celebrate 100th day or 1st anniversary of their dates.

LESSON 07

문화 소개

Culture

Goals

학습목표

한국 전통 물건을 소개할 수 있다.

자신의 나라의 문화 특징을 소개할 수 있다.

문법

N(이)라고 하다 (it is called~)

N이/가 아니라 (not~but~)

N인지 알다 (know who/what/where … is)

V-는지 알다 (know who/what/where … one does)

활동

별명에 대해 이야기하기

한국과 다른 자신의 나라 문화 특징 소개하기

저건 돌이 아니라 메주라고 해요

Listen

Track 25

베라	저게 뭐예요? 돌이에요?
김지선	하하, 아니에요. 저건 돌이 아니라 메주라고 해요.
베라	메주요?
김지선	네, 메주로 된장도 만들고 간장도 만들어요.
베라	그럼 메주는 무엇으로 만들어요?
김지선	콩으로 만들어요. 콩을 발효해서 만든 거예요.
베라	한국 음식은 발효식품이 참 많네요.
김지선	맞아요. 김치도 발효식품이에요.

새단어 _New Words

돌	stone	간장	soy sauce	발효하다	to ferment
메주	Meju	콩	bean	발효식품	fermented food
된장	soybean paste				

제가 왜 쇠고기를 안 먹는지 아세요?

Listen Track 26

이민호	라지브 씨, 이게 무엇인지 아세요?
라지브	글쎄요. 고기인 것 같아요.
이민호	맞아요. 쇠고기 육포예요. 제가 어제 마트에서 샀어요. 한번 드셔 보세요.
라지브	미안해요. 저는 쇠고기를 안 먹어요.
이민호	아, 그렇군요.
라지브	제가 왜 쇠고기를 안 먹는지 아세요?
이민호	라지브 씨 채식주의자예요?
라지브	저는 채식주의자가 아니라 힌두교도예요. 인도에서 힌두교 사람들은 쇠고기를 안 먹어요.

새단어 _New Words

쇠고기	beef	마트	mart	힌두교도	Hindu
육포	beef jerky	채식주의자	vegetarian	인도	India

운전석이 차 왼쪽이 아니라 오른쪽에 있어요

Listen Track 27

김지선	이번 크리스마스에는 눈이 많이 오면 좋겠어요.
마이클	저도 크리스마스에 눈을 보고 싶어요. 우리나라에서는 크리스마스에 눈을 볼 수 없어요.
김지선	아참, 마이클 씨는 호주에서 왔지요?
마이클	네, 호주는 한국과 반대가 많아요.
김지선	어떤 거요?
마이클	호주에서는 전원을 켤 때 스위치를 내려요. 한국은 반대지요? 그리고 운전석이 차 왼쪽이 아니라 오른쪽에 있어요.
김지선	그럼 처음에 한국에서 운전할 때 힘들었어요?
마이클	네, 처음에 힘들었지만 지금은 괜찮아요.

새단어 _New Words

크리스마스	Christmas	반대	opposite	스위치	switch
호주	Australia	전원	power supply	운전석	driver's seat

문법 Grammar Focus

● N-(이)라고 하다 (it is called~)

대상의 이름을 소개할 때 쓴다. 받침이 있는 명사 뒤에 '-이라고 하다', 받침이 없는 명사 뒤에 '-라고 하다'를 쓴다.

This pattern indicates names of the objects. If the noun ends with a vowel, '-라고 하다' is attached. But if the noun ends with a consonant, '-이라고 하다' is attached.

메주	메주 + 라고 하다	메주라고 하다
간장	간장 + 이라고 하다	간장이라고 하다

가: 성함이 어떻게 되세요?
나: 김지선**이라고 합니다.**

가: '사랑해요'를 중국어로 뭐라고 해요?
나: '워 아이 니' **라고 해요.**

가: 이걸 뭐라고 해요?
나: 그걸 '된장' **이라고 해요.**

● 연습해 봅시다.

1. 이것을 무엇이라고 합니까?

(1) 

→ (메주) 메주라고 해요 .

(2) 

→ (윷) ________________ .

(3) 

→ (한복) ______________.

(4) 

→ (태극기) ______________.

(5) 

→ (복주머니) ______________.

(6) 

→ (연지곤지) ______________.

2. '–(이)라고 하다' 를 사용하여 문장을 만드세요.

(1) 가: 이름이 뭐예요?

나: 이소영이라고 해요 ______________.

(2) 가: '안녕하세요' 를 여러분 나라 말로 뭐라고 해요?

나: ______________.

(3) 가: '고마워요' 를 여러분 나라 말로 어떻게 말해요?

나: ______________.

(4) 가: '밥 먹었어요?' 를 여러분 나라 말로 뭐라고 해요?

나: ______________.

(5) 가: '여보세요' 를 여러분 나라 말로

어떻게 말해요?

나: ______________.

새단어 _New Words

윷	yut (The four sticks game)
태극기	Korean flag
복주머니	grab bag
연지곤지	make up of traditional Korean marriage for a bride

3. '가방 속에 있는 물건을 꺼내세요. 그리고 옆 친구와 함께 〈보기〉처럼 이야기해 보세요

보기 가: 한국어로 이것을 뭐라고 해요?

나: 우산이라고 해요.

● N-이/가 아니라 (not~but~)

서로 반대 내용의 두 문장을 연결할 때 쓴다. 선행절을 부정하고 후행절을 기술한다. '-이/가 아니고' 와 유사한 의미이다. 받침이 있는 명사 뒤에 '-이 아니라', 받침이 없는 명사 뒤에 '-가 아니라' 를 쓴다.

It is used to connect two clauses which indicate opposite meanings. This negates previous clauses and describes the post clause. This shares a similar meaning of the pattern '-이/가 아니고'. When the noun ends with a consonant, '-이 아니라' is attached and when a noun ends with a vowel, '-가 아니라' is attached.

남자	남자 + 가 아니라	남자가 아니라
학생	학생 + 이 아니라	학생이 아니라

가: 한국 사람이세요?

나: 아니에요. 한국 사람**이 아니라** 중국 사람이에요.

가: 우리 교실이 102호예요?

나: 아니요, 102호**가 아니라** 104호예요.

저는 가수**가 아니라** 배우입니다.

그 사람은 애인**이 아니라** 학교 친구예요.

● 연습해 봅시다.

1. 'N-이/가 아니라'를 사용해서 문장을 연결하세요.

(1) 약속은 2시가 아니에요. 1시예요.

→ 약속은 2시가 아니라 1시예요 .

(2) 이것은 그림이 아니에요. 사진이에요.

→ ______________________________ .

(3) 이 가방은 링링 씨 가방이 아니에요. 제 가방이에요.

→ ______________________________ .

(4) 제 점수는 100점이 아니에요. 0점이에요.

→ ______________________________ .

(5) 저 사람은 이모가 아니에요. 엄마예요.

→ ______________________________ .

(6) 이 사람은 학생이 아니에요. 선생님이에요.

→ ______________________________ .

(7) 이 아이는 아들이 아니에요. 딸이에요.

→ ______________________________ .

2. 그림을 보고 '-이/가 아니라'를 사용하여 문장을 만드세요.

(1)

가: 여기는 한국입니까?

나: 아니요. 여기는 한국이 아니라 일본입니다 __________ .

(2)

가: 이 사람은 여자예요?

나: 아니에요. 이 사람은 ____________________ .

(3)

가: 이 동물은 강아지예요?

나: 아니요, ____________________________ .

(4)

가: 히터가 필요해요?

나: 아니요, ____________________ 필요해요.

(5)

가: 학교에 지하철을 타고 와요?

나: 아니요, ____________________ 타고 와요.

(6)

가: 병원에서 약을 사요?

나: 아니요. ____________________________

약을 사요.

(7) 

가: 수학 공부를 하고 있어요?

나: 아니요. ______________________

하고 있어요.

새단어 _New Words

배우	actor/actress	선풍기	fan
애인	lover	히터	heater
이모	aunt	약국	pharmacy
아들	son	수학	mathematics
딸	daughter	영어	English

3. 내가 가지고 있는 카드와 친구가 가지고 있는 카드가 달라요. 맞는 것을 찾고 〈보기〉처럼 말해 보세요.

학생 〈가〉

- 한국의 수도는 부산이에요(×)
- 우리 선생님은 남자예요(×)
- 우리 반 학생 ㅇㅇ씨는 중국 사람이에요(ㅇ)
- 우리 수업은 1시에 끝나요(ㅇ)

학생 〈나〉

- 한국의 수도는 서울이에요(ㅇ)
- 우리 선생님은 여자예요(ㅇ)
- 우리 반 학생 ㅇㅇ씨는 일본사람이에요(×)
- 우리 수업은 12시에 끝나요(×)

보기 가: 한국의 수도는 부산이에요.
나: 아니에요. 한국의 수도는 부산이 아니라 서울이에요.

● N-인지 알다/모르다 (know who/what/where … is)

명사와 결합하여 대상에 대한 인식 여부를 나타낸다.

It is attached after nouns expressing he/she is cognizant of who, what, where ... is.

가: 여기가 어디예요? 아세요?

나: 아니요. 여기가 **어디인지 몰라요.**

가: 호나우두 씨가 몇 급이에요? 알아요?

나: 네, 호나우두 씨가 **몇 급인지 알아요.**

호나우두 씨는 2급이에요.

지금 **몇 시인지 아세요?**

그 사람이 **누구인지 모르겠어요.**

택시 기본 요금이 **얼마인지 아세요?**

● 연습해 봅시다.

1. '-인지 알다'를 사용하여 문장을 만드세요.

(1) 이 사람이 누구예요? 아세요?

→ 이 사람이 누구인지 아세요 ?

(2) 친구 생일이 언제예요? 알아요?

→ ________________ ?

(3) 숙제가 어디까지예요? 알아요?

→ ________________ ?

(4) 우리 교실이 어디예요? 아세요?

→ ________________ ?

(5) 우리 반 학생이 몇 명이에요? 알아요?

→ ________________ ?

(6) 한 학기 등록금이 얼마예요? 알아요?

→ ________________ ?

(7) 수업 시작이 몇 시예요? 알아요?

→ ______________________________?

2. '-인지 알다/모르다'를 사용하여 문장을 만드세요.

(1) 

가: (이 사람들/누구)

이 사람들이 누구인지 아세요?

나: 아니요, 누구인지 몰라요.

(2) 

가: (여기/어디)

______________________________?

나: ______________________________.

(3) 

가: (축구팀/몇 명)

______________________________?

나: ______________________________.

(4) 

가: (제주도 비행기 표/얼마)

______________________________?

나: ______________________________.

(5) 

가: (선생님/몇 살)

______________________________?

나: ______________________________.

(6) 

가: (이것/무엇)

______________________________?

나: ______________________________.

새단어 _New Words

급	class, grade, rank
기본	basic
요금	charge, fee
등록금	tuition
축구팀	soccer team

● V-는지 알다/모르다 (know who/what/where···one does)

동사와 결합하여 대상에 대한 인식 여부를 나타낸다. 동사의 현재형, 과거형과 함께 결합한다.

It is attached after verbs expressing he/she cognize who, what, where... does. These are used with present or past verb tense forms.

가다	가 + 는지 알다 갔 + 는지 알다	가는지 알다 갔는지 알다
먹다	먹 + 는지 알다 먹었 + 는지 알다	먹는지 알다 먹었는지 알다
만들다*	만들 + 는지 알다 → 만드 + 는지 알다 만들었 + 는지 알다	만드는지 알다 만들었는지 알다

가: 영화가 몇 시에 시작해요? 아세요?

나: 아니요. 영화가 몇 시에 **시작하는지 몰라요.**

가: 옆 교실에 누가 **있는지 아세요?**

나: 네, 3급 학생들이 있어요.

베라 씨가 어디에 **사는지 몰라요.**

은행 문을 몇 시에 **여는지 알아요.**

수업이 몇 시에 **끝났는지 알아요.**

그 사람이 왜 숙제를 안 **했는지 몰라요.**

● 연습해 봅시다.

1. '-는지 알다' 를 사용하여 문장을 만드세요.

(1) 그 사람이 어디에 있어요? 알아요?

→ 그 사람이 어디에 있는지 알아요 ?

(2) 한국에서 몇 살에 학교에 입학해요? 알아요?

→ ______________________________ ?

(3) 초등학생 수업이 몇 시에 끝나요? 알아요?

→ ______________________________ ?

(4) 명동에 어떻게 가요? 아세요?

→ ______________________________ ?

(5) 김치를 어떻게 만들어요? 알아요?

→ ______________________________ ?

(6) 버스가 몇 시에 출발했어요? 알아요?

→ ______________________________ ?

(7) 어제 학생들이 뭐 배웠어요? 아세요?

→ ______________________________ ?

2. 그림을 보고 '-는지 알다/모르다'를 사용하여 문장을 만드세요.

(1) 

가: (한국 대통령/어디/살다)

한국 대통령이 어디에 사는지 아세요?

나: 네, 알아요. 청와대에 살아요.

(2) 

가: (이번 학기/언제/끝나다)

______________________________ ?

나: 아니요, ______________________________ .

(3) 

가: (언제/은행문/열다)

______________________________?

나: ______________________________.

(4) 

가: (이 MP3/어떻게/켜다)

______________________________?

나: ______________________________.

(5) 

가: (친구/언제부터/숙대에서 공부했다)

______________________________?

나: ______________________________.

(6) 

가: (이 사진/언제/찍었다)

______________________________?

나: ______________________________.

새단어 _New Words

드라마	drama
입학하다	to be admitted to a school
대통령	president
청와대	The Korean presidential residence
학기	semester
MP3	MP3 player

활동 Task

Talk

- 친구들과 함께 이야기해 보세요.

> **가:** 아주 무서운 선생님을 뭐라고 해요?
> **나:** '호랑이 선생님' 이라고 해요.

호랑이 선생님 •	• 키가 작은 사람
맥주병 •	• 책을 많이 읽는 사람
땅콩 •	• 노래를 못 하는 사람
책벌레 •	• 술을 많이 마시는 사람
컴맹 •	• 무서운 선생님
음치 •	• 수영을 못 하는 사람
술고래 •	• 컴퓨터를 못 하는 사람

(호랑이 선생님 — 무서운 선생님)

새단어 _New Words

호랑이	tiger
맥주병	beer bottle
땅콩	peanut
벌레	worm
고래	whale

Talk

- 친구들과 함께 이야기해 보세요.

□ (우리) 나라의 대통령이 누구 인지 알아요?

이소영 한국의 대통령이 누구**인지 알아요?**
스티븐 네, 알아요. 신문에서 봤어요.
아~ 그런데 갑자기 기억이 안 나요.

(우리) 나라 대통령이 누구예요?	
(우리) 나라 수도가 어디예요?	
(우리) 나라는 지금 몇 시예요?	
(우리) 나라 전통 음식이 뭐예요?	
(우리) 나라에서 제일 유명한 곳이 어디예요?	

□ (우리)나라 사람들이 설날에 뭐 먹 는지 알아요?

이소영 한국 사람들이 설날에 뭐 **먹는지 알아요**?
스티브 네, 한국친구한테 들었어요. 떡국을 먹지요?
이소영 네, 맞아요. 그럼 왜 떡국을 **먹는지 알아요**?
스티브 아니요, 잘 몰라요.
이소영 떡국을 먹으면 나이를 한 살 더 먹어요.
그래서 설날에 떡국을 먹어요.

새단어 _New Words

대통령	president
신문	newspaper
갑자기	suddenly
기억이나다	to remember
생각나다	to come to mind
수도	capital
전통	tradition
설날	Lunar New Year's day
떡국	rice cake soup
주식	staple food
종교	religion
믿다	to believe, trust

(우리) 나라 사람들이 설날에 뭐 먹어요?	
(우리) 나라에서 한국까지 비행기로 몇 시간 걸려요?	
(우리) 나라는 사람들이 주식으로 뭐 먹어요?	
(우리) 나라가 어디에 있어요?	
(우리) 나라 사람들이 어떤 종교를 믿어요?	

Listen

● 듣고 질문에 답하세요. Track 28

1. '항아리'는 어디에 쓰는 물건입니까?

2. 요즘 사람들은 모두 항아리를 사용합니까?

3. 대화를 잘 듣고 맞으면 ✔ 하세요.

- 항아리에 고추장을 보관할 수 있어요. ☐
- 항아리는 유리로 만들어요. ☐

4. 옛날 한국 사람들은 겨울에 어떻게 김치를 보관했을까요?

   여러분 생각을 말해 보세요.

새 단어 _New Words

물건	thing, stuff, object
보관하다	to deposit, keep
흙	earth, the ground
궁금하다	to be anxious
유리	glass

Read

● 읽고 쓰세요.

오늘 한국 친구와 함께 식당에 갔습니다. 친구가 된장찌개와 비슷한 찌개를 주문했습니다. 그런데 된장찌개 냄새가 아니라 이상한 냄새가 났습니다. 나는 친구에게 말했습니다. "이게 무슨 냄새예요?" "청국장 냄새예요. 조금 이상하지요?" 나는 청국장이 무엇인지 몰랐습니다. 그래서 친구에게 청국장이 무엇인지 물어봤습니다. "청국장은 유키 씨가 자주 먹는 일본 음식 나또하고 비슷해요. 그렇지만 한국 사람들은 그것을 찌개로 먹어요." 나는 청국장에 대해 배우고 청국장을 먹어봤습니다. 제 입에 맞았습니다. 다음에 기회가 있으면 다시 먹어 보고 싶습니다.

1. 이 사람은 누구와 어디에 갔어요?

2. 청국장 냄새가 어땠습니까?

3. 청국장이 맛있었습니까?

새단어 _New Words

비슷하다	to be similar
청국장	fermented bean paste
된장찌개	bean-paste pot stew
냄새	smell
나또	fermented bean paste (Japanese style)
입에 맞다	to be agreeable with one's taste

Write

● 쓰세요.

사진에 있는 물건을 소개하는 글을 써 봅시다.

1. 이게 무엇인지 아세요?

2. 이것은 언제 사용하는지 아세요?

3. 여러분 나라에도 이것과 비슷한 물건이 있어요?

4. 위에 쓴 것을 글로 써 보세요.

문화 Cultural Notes

열두 띠 이야기

한국에는 태어난 연도에 맞는 12가지 동물이 있습니다. 이것을 '띠'라고 말합니다. 사람들은 띠로 사람의 성격을 예측하기도 하고, 나이 대신 띠를 말하기도 합니다. 띠와 관련해서 다음과 같은 이야기가 있습니다.

세상을 다스리는 왕이 죽을 때가 되었습니다. 왕은 동물 12마리 중 자신의 다음 왕이 될 동물을 뽑고 싶었습니다. 그래서 달리기 시합을 했습니다. 동물 12마리 중에서 가장 먼저 들어온 동물이 왕이 된다고 했습니다. 원래는 소가 1등을 했습니다. 하지만 소등에 타고 있는 쥐가 결승선에서 뛰어내려서 소를 제치고 1등을 했습니다. 그래서 2등이 소, 3등이 호랑이, 4등이 토끼였습니다. 다음으로 용, 뱀, 말, 양, 원숭이, 닭, 개 그리고 돼지 순으로 들어왔다고 합니다.

In Korea, there are 12 animals that represent years of birth. This is called 'Dee- The Chinese zodiac signs'. Based on your 'Dee', people can predict personal characteristics and can measure the age of people.

There is a story about Dee. The king was dying, so he wanted to select one of the animals as the next king. So, he decided that the animal who was the winner of a running match, he will be the king. A cow was the first winner of the running race, but on the back of the cow, there was a mouse. It ran down the cow's back rapidly and became the first winner. After them, came the tiger, rabbit, dragon, snake, horse, lamb, monkey, chicken, dog and pig. So, the order of 'Dee' was decided, but this is just a story for fun.

LESSON 08

집안일

Housework

Goals

학습목표

여러 가지 집안일에 대해 말할 수 있다.
세탁소에서 옷을 맡기거나 찾을 수 있다.

문법

A/V-거든요 (ending form of reason)
V-(으)ㄴ 지 N이/가 되다 (since, from the time when ~ it becomes)
A-아/어/여지다 (gets to be, becomes)
사동사 (-우-, -기-) (short causatives)

활동

자신이 한 집안일 말하기
세탁소에서 볼일 보기

와, 정말 방이 깨끗해졌어요

Listen Track 29

링링 자, 우리 오늘 청소부터 할까요?

유키 네, 좋아요. 우리 방이 너무 지저분하지요? 청소한 지 일주일이 되었어요.

링링 벌써 일주일이 되었어요?

유키 네, 링링 씨는 창문을 열고 청소기를 돌려 주세요.
저는 쓰레기를 버리고 방을 닦을게요.

〈청소 후에〉

링링 와, 정말 방이 깨끗해졌어요. 기분도 좋네요.
내일 시간이 있으면 저는 옷 정리를 할까 해요.

유키 저도요. 요즘 날씨가 더워져서 여름 옷 정리를 해야 돼요.

새단어 _New Words

지저분하다	to be messy	닦다	to clean, polish, shine	청소기를 돌리다	to vacuum
벌써	already	정리하다	to organize		

어제도 밥을 많이 남겼어요

Listen Track 30

데이비드	어제 우리 이모 집에 가서 하루 종일 아기를 봤어요. 아기 보는 일은 정말 힘든 것 같아요.
김지선	맞아요. 그런데 데이비드 씨가 혼자 아기를 봤어요?
데이비드	네, 어제 이모랑 이모부가 부산에 다녀오셨거든요. 그래서 하루 종일 먹이고 씻기고 낮잠도 재우고….
김지선	대단하네요! 그 중에서 뭐가 제일 힘들었어요?
데이비드	우유를 먹이는 것이 제일 힘들었어요. 아기가 우유를 잘 안 먹거든요. 그래서 어제도 우유를 많이 남겼어요.

새단어 _New Words

이모	aunt	씻기다	to be washed	남기다	to leave	낮잠	nap
이모부	uncle	재우다	to put to sleep	하루 종일	all day	힘들다	to be hard
먹이다	to feed	대단하다	to be great				

맡긴 지 얼마나 되었어요?

Listen Track 31

베라	안녕하세요. 옷을 찾으러 왔는데요.
주인	네, 성함이 어떻게 되세요? 맡긴 지 얼마나 되셨어요?
베라	베라예요. 맡긴 지 이주일쯤 되었어요. 흰색 바지예요.
주인	맡긴 지 오래 되셨네요.
베라	네, 요즘 바쁜 일이 많이 있었거든요.
주인	그랬군요. 세탁비는 7,000원이에요.
베라	네, 여기 있어요.

새단어 _New Words

찾다	to pick up	성함	name(honorific)	맡기다	to bring into	세탁비	dry cleaning fee

문법 Grammar Focus

● A/V-거든요 (ending form of reason)

앞에서 말하거나 물은 내용에 대해 이유를 나타낸다. 종결형으로 쓰인다.

'-거든요' is attached both after adjectives and verbs indicating reasons of a previous clause which was already mentioned. This is a final ending.

오다	오 + 거든요 왔 + 거든요	오거든요 왔거든요
살다	살 + 거든요 살았 + 거든요	살거든요 살았거든요
맵다	맵 + 거든요 매웠 + 거든요	맵거든요 매웠거든요

가: 왜 조금밖에 안 드세요?

나: 요즘 다이어트를 **하거든요.**

가: 왜 샌드위치를 하나도 안 드세요?

나: 조금 전에 점심을 **먹었거든요.**

저는 떡볶이를 좋아하지만 많이 못 먹어요. 제 입에는 조금 **맵거든요.**

어제 여자 친구하고 영화를 못 봤어요. 회사 일이 늦게 **끝났거든요.**

● 연습해 봅시다.

1. '-거든요'를 사용하여 문장을 만드세요.

(1) 오늘 극장에 같이 갈 수 없어요. (할 일이 많다) 할 일이 많거든요 ________.

(2) 가: 왜 여기에 있어요?

나: (친구를 기다리다) ________________.

(3) 가: 왜 약을 먹어요?

나: (배가 아프다) ______________________________.

(4) 가: 무슨 일이 있어요? 왜 그렇게 뛰어가요?

나: (약속 시간에 늦다) ______________________________.

(5) 가: 왜 오늘 안경을 안 썼어요?

나: (렌즈를 끼다) ______________________________.

(6) 오늘은 은행 문을 안 열었어요. (일요일이다) ______________________________.

(7) 오늘 너무 피곤하고 힘들어요. (어제 잘 못 자다) ______________________________.

2. '-거든요'를 사용하여 문장을 만드세요.

비싸다	춤을 잘 추다	배가 부르다	길이 밀리다
고장 나다	이상한 냄새가 나다	카메라를 안 가져가다	

(1) 가: 왜 그 핸드폰을 안 사요?

나: 비싸거든요 ______________________________.

(2) 가: 왜 맛있는 빵을 안 먹고 있어요?

나: ______________________________.

(3) 가: 왜 이 컴퓨터를 사용하지 않아요?

나: ______________________________.

(4) 가: 많이 추워요. 그런데 왜 창문을 열었어요?

나: ______________________________.

(5) 가: 왜 이렇게 늦었어요?

나: ______________________________.

(6) 그 가수는 노래를 잘 못해요. 그런데 인기가 많아요.

______________________________.

(7) 부산에 갔을 때 찍은 사진이 없어요.

______________________________.

3. 다음 카드를 보고 친구와 〈보기〉 처럼 묻고 답하세요.

학생 〈가〉

〈질문〉

- 왜 학교에 늦게 왔어요?
- 왜 기분이 좋아요?
- ______________________
- ______________________

〈이유〉

- 아침을 못 먹어서 빵을 사왔어요.
- 친구가 한국에 와서 일찍 가야 해요.
- ______________________
- ______________________

학생 〈나〉

〈질문〉

- 왜 빵을 사 왔어요?
- 왜 일찍 가야 해요?
- ______________________
- ______________________

〈이유〉

- 늦게 일어나서 학교에 늦었어요.
- 오후에 데이트가 있어서 기분이 좋아요.
- ______________________
- ______________________

보기 가: 왜 학교에 늦게 왔어요?
나: 늦게 일어났거든요.

새단어 _New Words

다이어트	diet	이상하다	to be strange	[길이] 밀리다	to be blocked up
뛰어가다	to run	배가 부르다	to be full	사용하다	to use
렌즈를 끼다	to wear contact lenses	가져가다	to bring	인기가 많다	to be popular

● A-아/어/여지다 (get to be, become)

형용사와 결합하여 점점 어떤 상태로 변화되어 감을 나타낸다.

It is attached after adjectives indicating that something has been changed to a certain state or condition.

싸다	싸 + 아지다	싸지다
멀다	멀 + 어지다	멀어지다
깨끗하다	깨끗하 + 여지다	깨끗해지다
예쁘다	예쁘 + 어지다	예뻐지다
덥다	덥 + 어지다 → 더우 + 어지다	더워지다

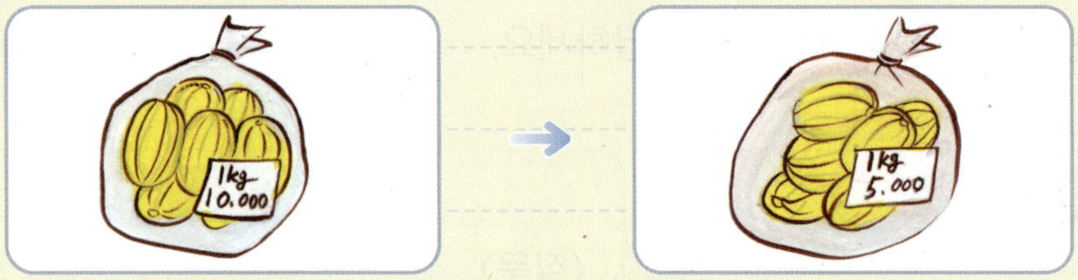

여름이 되었어요. 그래서 참외가 **싸졌어요.**

청소를 했어요. 그래서 집이 **깨끗해졌어요.**

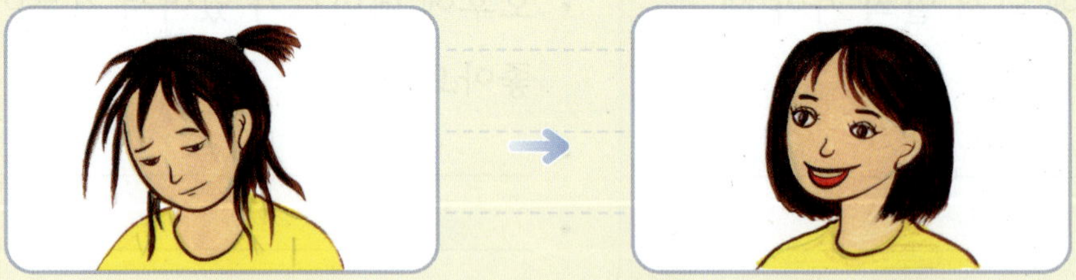

에리 씨는 남자 친구가 생겼어요. 그래서 요즘 **예뻐졌어요.**

11월이에요. 그래서 날씨가 **추워졌어요.**

● 연습해 봅시다.

1. 그림을 보고 '-아/어/여지다'를 사용하여 문장을 만드세요.

(1) 수박이 비싸졌어요 .

(2) ________________.

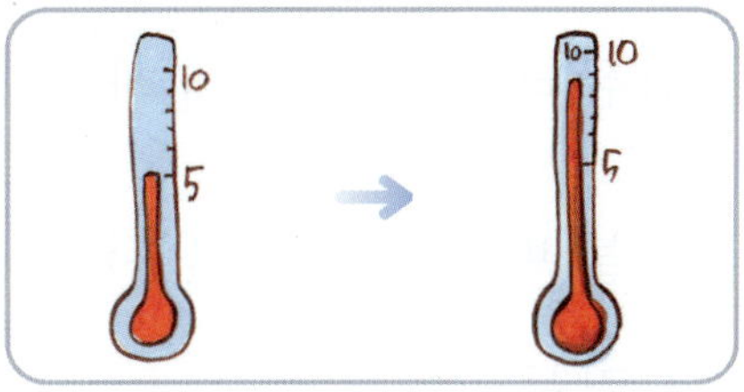

(3) ________________.

(4) ________________.

(5) ________________.

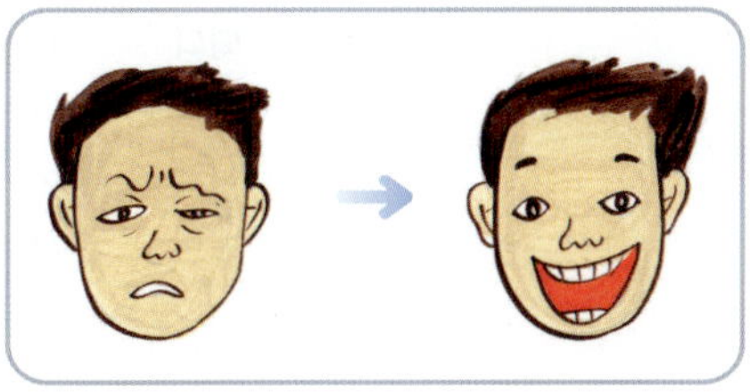

(6) ________________.

(7) ________________.

2. '-아/어/여지다' 를 사용하여 문장을 만드세요.

(1) 두꺼운 옷을 입고 가세요. 밤이 되면 날씨가 추워져요 ____________.

(2) 지금 비행기 표를 사세요. 휴가 때가 되면 비행기 표가 ____________.

(3) 컴퓨터를 너무 오래 하면 눈이 ____________.

(4) 오늘 백화점 세일을 시작했어요.

사람들이 ____________.

(5) 10년 동안 이 식탁을 사용했어요.

처음에는 깨끗했지만 이제는 많이 ____________.

(6) 아이가 많이 아팠지만 이제는 건강이 ____________.

(7) 가방 안에 책을 많이 넣었어요. 가방이 많이 ____________.

새단어 _New Words

생기다	to find
되다	to become
식탁	dining table
이제	now
넣다	to put in

● V-(으)ㄴ 지 N이/가 되다 (since, from the time when ~ it becomes)

어떤 일을 한 후 시간이 얼마나 지났는지를 나타낼 때 쓴다. '-이/가 되다' 앞에 수량이 온다. 'ㄹ' 을 제외한 받침 있는 동사 어간 뒤에 '-은 지 -이/가 되다', 받침 없는 동사 어간이나 ㄹ 받침으로 끝나는 동사 어간 뒤에 '-ㄴ 지 -이/가 되다' 를 사용한다.

These patterns are used to indicate something happened and later how long it passed. In front of '-이/가 되다', an expression of quantity appears. When the verb stem ends in consonants except 'ㄹ', '-은 지 -이/가 되다' are attached. If the verb stem ends with a vowel or 'ㄹ' consonant, '-ㄴ 지 -이/가 되다' are attached.

오다/4개월	오 + ㄴ 지 4개월이 되다	온 지 4개월이 되다
받다/일주일	받 + 은지 일주일이 되다	받은 지 일주일이 되다
살다/2년	살 + 은 지 → 사 + ㄴ 지 3년이 되다	산 지 3년이 되다
듣다/사흘	듣 + 은 지 → 들 + 은 지 사흘이 되다	들은 지 사흘이 되다

한국에 **온 지 4개월이 됐어요.**

점심을 **먹은 지 한 시간 됐어요.**

이 사진을 **찍은 지 2년쯤 되었습니다.**

여기에 **산 지 얼마나 됐어요?**

● 연습해 봅시다.

1. '-(으)ㄴ 지 -이/가 되다'를 사용하여 문장을 만드세요.

(1) (여기에 오다/한 시간) 여기에 온 지 한 시간 됐어요 .

(2) (한국어를 배우다/5개월) ________________ .

(3) (이 선물을 받다/이틀) ________________ .

(4) (식사를 하다/20분) ________________ .

(5) (그 이야기를 듣다/일주일) ________________ .

(6) (빵을 만들다/2시간) ________________ .

(7) (이 동네에 살다/6년) ________________ .

2. '-(으)ㄴ 지 -이/가 되다'를 사용하여 문장을 바꾸세요.

(1) 그 신발을 사흘 전에 샀어요.

→ 그 신발을 산 지 사흘이 됐어요 ____________.

(2) 1 시간 전에 저녁을 먹었어요.

→ ____________.

(3) 지금 10시예요. 저는 9시 50분에 도착했어요.

→ ____________.

(4) 이틀 전에 머리를 감았어요.

→ ____________.

(5) 이 집에서 5년 동안 살고 있어요.

→ ____________.

(6) 친구들이랑 두 시간 동안 놀고 있어요.

→ ____________.

새단어 _New Words

선물	present	놀다	to play
이틀	two days	사흘	three days
동네	village	머리를 감다	to wash one's hair

● 사동사 '-우-', '-기-'(short causatives)

사동사를 만들기 위하여 일부 동사 어간에 '-우-' 나 '-기-' 를 붙인다.

In order to make short causatives, the suffix '-우-' or '-기-' is attached to a transitive verb stem.

-우-	자다 – 재우다 타다 – 태우다 깨다 – 깨우다

아기가 방에서 혼자 자요.

아빠가 방에서 아기를 **재워요.**

동생이 자전거를 타요.

형이 동생을 자전거에 **태워요.**

아이들이 깼어요.

매일 아침 7시에 엄마는 아이들을 **깨워요.**

● 연습해 봅시다.

1. 다음 문장을 만드세요.

(1) 저는 자고 있는 친구를 깨워요 ______________________.

(2) 아주머니는 날마다 밤 9시에 아이를 ______________________.

(3) 저는 친구 집 앞에서 친구를 ______________________.

2. 친구와 같이 이야기해 보세요.

(1) 아기를 재워 봤어요?

(2) 어떻게 하면 아기를 빨리 재울 수 있어요?

(3) 다른 사람을 자전거 뒤에 태우고 자전거를 탈 수 있어요?

(4) 멋있는 차를 사면 제일 먼저 누구를 태우고 싶어요?

(5) 어떻게 하면 다른 사람을 빨리 깨울 수 있어요?

(6) 내일 아침에 전화로 저를 깨워 줄 수 있어요?

-기-	숨다 – 숨기다 웃다 – 웃기다 남다 – 남기다 씻다 – 씻기다

강아지가 책상 밑에 **숨었어요.**

언니가 강아지를 책상 밑에 **숨겼어요.**

친구들이 선생님의 이야기를 듣고 **웃었어요.**
선생님이 친구들을 **웃겼어요.**

냉장고에 우유가 아직 **남았어요.**
아이들이 우유를 많이 **남겼어요.**

아이가 혼자 손을 **씻어요.**
아빠가 아이의 손을 **씻겨요.**

● 연습해 봅시다.

1. 다음 문장을 만드세요.

(1) 코미디언은 다른 사람을 ____웃기____ 는 사람이에요.

(2) 동생이 아파서 제가 동생의 몸을 ________________.

(3) 좋은 음식들이에요. 다 드세요. ________________지 마세요.

(4) 이 이야기는 너무 창피해서 다른 사람한테 ________________고 싶어요.

2. 친구와 같이 이야기해 보세요.

(1) 중요한 물건을 보통 어디에 숨겨요?

(2) 우리 반에서 누가 다른 사람을 잘 웃겨요?

(3) 식사할 때 음식을 자주 남겨요?

(4) 음식을 남기면 보통 그 음식을 어디에 보관해요?

(6) 아기나 아이를 씻겨 봤어요?

새단어 _New Words

코미디언	comedian
창피하다	to be shame
중요하다	to be important
보관하다	to deposit, keep

활동 Task

Talk

- 두 사람이 이야기하세요.

다음 질문을 보고 이야기해 보세요.

1	언제 청소했어요?	사흘 전
2	언제 빨래했어요?	
3	언제 장을 봤어요?	
4	언제 음식을 만들었어요?	
5	언제 집에 있는 쓰레기를 버렸어요?	

가: 청소한 지 얼마나 됐어요?
나: 청소한 지 사흘이 됐어요. 이번 주말에 청소를 할까 해요.

- 두 사람이 이야기하세요.

한 사람은 세탁소 주인, 한 사람은 손님이 되어 이야기를 만들어 봅시다.

어서 오세요. 어떻게 오셨어요?
이 옷을 (수선하러/드라이 클리닝하러) 왔어요.
이 옷을 (다려/드라이 클리닝해/수선해) 주세요.
얼마나 (줄여/늘려) 드릴까요?
이 정도 (줄여/늘려) 주세요.
(수선비/세탁비)가 얼마예요?
언제 찾으러 와요?

주인	어서 오세요.
손님	저, 수선하러 왔는데요.
주인	어떤 옷이에요?
손님	이 하얀색 바지예요. 바지 길이 좀 줄여 주세요.
주인	얼마나 줄여 드릴까요?
손님	2cm정도 줄여 주세요.
주인	내일 저녁에 찾으러 오시겠어요?
손님	네, 세탁비는 지금 드려요?
주인	찾으러 올 때 주셔도 돼요.
손님	그럼 그때 드릴게요.
주인	네, 그러세요.

● 손님은 다음 카드를 보고 이야기해 보세요.

손님

바지	치마	남방
길이를 줄이다/3cm	허리를 늘리다/2inch	드라이클리닝을 하다
수선비?	수선비?	세탁비?
찾는 날?	찾는 날?	찾는 날?

새단어 _New Words

장을 보다	to go to market
수선하다	to mend
줄이다	to reduce, decrease
늘리다	to stretch, lengthen
다리다	to do the ironing
드라이 클리닝	dry cleaning

Listen

• 듣고 질문에 답하세요. Track 32

1. 이 사람은 왜 세탁소에 왔습니까?

2. 들은 이야기와 맞으면 ◯, 틀리면 ×하세요.

(1) 이 사람의 바지가 작아요. ☐

(2) 이 사람은 요즘 살이 빠졌어요. ☐

(3) 이 사람은 지금 수선비를 냈어요. ☐

새단어 _New Words	
표시	marker
살이 찌다	to get fat
수선비	repair expenses

Read

• 읽고 쓰세요.

우리는 이 집으로 이사 온 지 사흘이 되었어요. 그런데 아직 대청소를 못 했어요. 그래서 오늘 아침 일찍부터 대청소를 시작했어요. 저는 자고 있는 친구를 깨웠어요. 저는 친구에게 할 일을 주었어요. 화장실 바닥 닦는 일과 유리창 닦는 일이었어요. 저는 요즘 손목이 아파서 닦는 일을 할 수 없거든요. 저는 여기저기 집 정리를 하고 안 쓰는 물건들을 모두 버렸어요.

이사 왔을 때보다 집이 훨씬 깨끗해졌어요. 우리집이 계속 이렇게 깨끗하면 좋겠어요. 하지만 아마 다음 주가 되면 또 지저분해질 거예요. 사실 친구랑 저는 청소를 자주 안 하거든요. 앞으로 더 자주 청소를 하면 좋겠어요.

두 사람은 어떤 일을 했습니까?

친구	나

새단어 _New Words

대청소	general (house) cleaning
바닥	floor
유리창	a glass window
손목	wrist
사실	actually
훨씬	much better

Write

● 쓰세요.

여러분은 지난 주에 어떤 집안일을 했습니까? 그리고 이번 주에 어떤 집안일을 할 계획입니까? 써 봅시다.

<지난 주>

<이번 주>

문화 Cultural Notes

김치의 보관 방법:
김장독부터 김치냉장고까지

김치는 한국의 대표적인 음식입니다. 배추김치, 나박김치, 오이소박이, 열무김치, 갓김치, 파김치 등 다양한 김치가 있습니다. 한국 식탁에서 빼놓을 수 없는 김치를 한겨울에도 먹기 위해 한국 사람들은 늦가을이 되면 김장을 담갔습니다. 김장은 김치를 한꺼번에 많이 담그는 것입니다. 그렇게 담근 김치를 보관하기 위해 예전에는 커다란 항아리를 땅에 묻고 그 안에 김치를 보관하였습니다. 그렇게 하면 추운 겨울에도 맛있는 김치를 먹을 수 있었습니다. 그런데 요즘에는 주로 아파트에서 생활하기 때문에 김장독을 땅에 묻을 수가 없게 되었습니다. 그래서 개발된 것이 바로 김치냉장고입니다. 김치냉장고는 김치를 오래 저장할 수 있도록 김치에 맞는 온도 조절장치와 형태를 갖추고 있습니다. 그래서 예전의 김장독에 김치를 보관했던 것과 마찬가지로 오랫동안 김치를 넣어 두고 먹을 수 있게 되었습니다. 또한 김치냉장고에는 김치뿐만 아니라 고기나 야채 등 다양한 식품을 알맞은 온도에서 오랫동안 보관할 수 있어 많은 인기를 끌고 있습니다.

Kimchi is the representative side dish in Korea. There are various kinds of Kimchi and Korean people can't imagine having a meal without it. In order to have Kimchi in winter, Korean people prepare it before the coming winter season. 'Kimjang' is making a lot of Kimchi at one time. In order to maintain this for a long time, Korean people put it in a traditional Korean pot and put it under the ground. This acts like a refrigerator. Nowdays, Korean people invented refrigerators for Kimchi so they don't have to dig the land. Uniquely designed refrigerators can control temperature automatically which is proper for Kimchi. Modern style refrigerators were invented following this principle. The taste and freshness can be maintained for a long time. This refrigerator can keep not only Kimchi, but also other kinds of vegetables and meats fresh because of the temperature settings.

LESSON 09

모습

Appearance

Goals

학습목표

상대방의 보이는 모습과 성격을 표현할 수 있다.
화자의 의향과 상대방의 의향을 묻고 답할 수 있다.

문법

A-게 (adverbial ending)
V-(으)ㄹ래요 (is going to do, wants to do)
르 불규칙 (irregular '르')
A-아/어/여 보이다 (it looks~)
A/V-(으)ㄴ/는데 (~but~)

활동

모습을 표현하기
상대방 상황에 맞는 말 걸기

유람선을 타고 서울 야경을 구경할 수 있어요

Listen

Track 33

데이비드 와! 쉬는 시간이에요!

유키 데이비드 씨, 같이 음료수 마시러 갈래요?

데이비드 네, 좋아요.

(커피숍에서)

유키 데이비드 씨, 뭐 마실래요? 오늘은 제가 살게요.

데이비드 고마워요. 저는 아이스 초코 마실래요.

유키 데이비드 씨, 날씨가 더우니까 밤에 유람선 타러 갈래요?
서울 야경도 구경할 수 있어요.

데이비드 와, 정말 시원하고 멋있겠네요. 몇 시에 어디에서 만날래요?

유키 학교 앞에서 7시 어때요?

데이비드 미안하지만 7시까지 아르바이트가 있어요. 7시 반에 만날래요?

유키 좋아요.

새단어 _New Words

유람선	cruise ship	야경	night view

머리가 길면 얼굴이 더 길어 보여요

Listen

Track 34

미용사 머리를 어떻게 해 드릴까요?

김지선 머리를 계속 기를 거예요. 깨끗하게 다듬어 주세요.

미용사 손님, 긴 머리도 예쁘지만 손님에게는 짧은 머리가 더 어울릴 것 같아요.

김지선 단발머리요?

미용사 네, 손님은 얼굴이 조금 길어요. 그래서 머리가 길면 얼굴이 더 길어 보여요. 머리가 짧으면 얼굴이 덜 길어 보여요.

김지선 아, 그래요? 그럼 단발머리를 해 볼까요?

미용사 네, 한번 해 보세요.

김지선 알겠어요. 그럼 그렇게 해 주세요.
하지만 앞머리를 너무 짧게 자르지 마세요.

미용사 네, 알겠어요.

새단어 _New Words

계속	continuously	다듬다	to trim	단발머리	short hair
기르다	to grow (hair)	어울리다	to be suitable	자르다	to cut

동생이 저보다 더 멋있게 생겼어요

Listen

Track 35

호나우두	와, 지선 씨, 머리를 짧게 잘랐네요! 더 어려 보여요. 지선 씨한테 잘 어울려요.
김지선	고마워요. 그런데 호나우두 씨, 오늘 무슨 좋은 일이 있어요? 기분이 아주 좋아 보여요.
호나우두	네, 사실 오늘 브라질에서 동생이 와요.
김지선	좋겠네요. 그럼 공항에 갈 거예요?
호나우두	네, 동생은 한국에 처음 와서 제 도움이 필요하거든요.
김지선	그렇군요. 동생은 호나우두 씨와 닮았어요?
호나우두	아니요, 동생이 저보다 더 멋있게 생겼어요.
김지선	정말이요? 그럼, 더 만나보고 싶네요.
호나우두	그럼 오늘 공항에 같이 갈래요? 동생도 좋아할 거예요.
김지선	그런데 미안하지만 오늘은 안 돼요. 할 일이 있거든요. 다음에 동생이랑 다 같이 식사나 해요.

새단어 _New Words

어울리다	to be suitable	닮다	to resemble	브라질	Brazil
어리다	to be young	도움	help		

문법 Grammar Focus

● A-게 (adverbial ending)

형용사에 붙어 뒤에 나오는 행위나 상태의 방식, 정도 등을 나타낸다. 형용사와 결합하여 부사를 만든다.

'-게' is attached after adjectives expressing a statement of action. Combined with the adjective, this keeps functioning as an adverb.

가: 머리를 어떻게 해 드릴까요?
나: **짧게** 잘라 주세요.

가: 어제 만난 친구는 어떻게 생겼어요?
나: 아주 **예쁘게** 생겼어요.

가: 제가 만든 음식이에요. 맛이 어때요?
나: 와, 정말 **맛있게** 만드셨네요.

● 연습해 봅시다.

1. '-게' 를 사용하여 문장을 만드세요.

예쁘다 크다 맛있다 멋있다 작다 따뜻하다 짧다

(1) 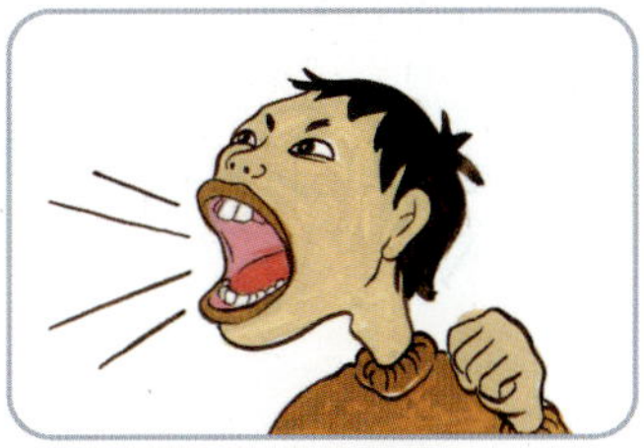

소리가 너무 작아요. 좀 크게 말씀해 주시겠어요?

(2) 

빵을 ________ 드셨어요?

(3) 

텔레비전 소리가 너무 커요.

좀 ____________ 해 주세요.

(4) 

오늘 중요한 약속이 있어서 옷을 ____________ 입고 왔어요.

(5) 

오늘은 어제보다 많이 추워요.

옷을 ____________ 입고 가세요.

(6) 

제 남자친구는 말이 많지 않아요.

말할 때 항상 ____________ 해요.

2. '-게'를 사용하여 문장을 만드세요.

(1) 가: 가방을 사고 싶어요. 어디에 가면 ___싸게___ 살 수 있어요?

나: 그럼, 동대문 시장에 가 보세요. 다른 곳보다 가격이 싸요.

(2) 가: 저는 요리를 잘 못해요. ____________ 만드는 방법이 있어요?

나: 요리책을 사서 보면 어때요?

(3) 가: 하나 씨는 인기가 많은 것 같아요.

나: 맞아요. 하나 씨는 ____________ 이야기를 해요.

(4) 가: 내일 9시까지 오셔야 해요. ______________ 오면 안 돼요.

나: 네, 알겠어요.

(5) 가: 오늘 날씨가 어때요?

나: 바람이 ______________ 불어서 기분이 좋아요.

(6) 가: 두 사람은 얼굴이 정말 달라요. 형제 맞아요?

나: 그럼요, 이 사람은 제 형이에요. 저하고 ______________ 생겼죠?

(7) 가: 내일은 날씨가 추울 거예요. 옷을 ______________ 입으세요.

나: 그럴게요.

3. 누구입니까? 우리 반에서 찾아 보세요.

- 우리 반에서 누가 제일 예쁘게 생겼어요?
- 우리 반에서 누가 제일 재미있게 말해요?
- 오늘 우리 반에서 누가 제일 멋있게/예쁘게 옷을 입었어요?
- 오늘 우리 반에서 누가 제일 늦게 왔어요?
- 우리 반에서 누가 제일 ______________?

보기 가: 우리 반에서 누가 제일 예쁘게 생겼어요?
나: 음… 저요. 제가 제일 예쁘게 생겼어요.

새단어 _New Words

가격 price
형제 brother

● V-(으)ㄹ래요 (is going to do, wants to do)

동사에 붙어 의향을 묻거나 답할 때 나타낸다. '-을래요' 는 'ㄹ' 을 제외한 받침 있는 동사 어간 뒤에 사용한다. '-ㄹ래요' 는 받침 없는 동사 어간 또는 'ㄹ' 받침으로 끝나는 동사 어간에 사용한다.
It is attached after an action verb to express will or intention of subjects. '-을래요' is attached after the verb stem which ends with a consonant except 'ㄹ'. '-ㄹ래요' is attached after the verb stem which ends with a vowel or a consonant ending with 'ㄹ'.

가: 같이 영화 보러 **갈래요?**
나: 네, 좋아요.

가: 뭐 **먹을래요?**
나: 나는 설렁탕 **먹을래요.**

가: 재즈 음악 **들을래요?**
나: 아니요, 저는 재즈를 별로 안 좋아해요.

● 연습해 봅시다.

1. '-(으)ㄹ래요' 를 사용하여 문장을 만드세요.

(1) 가: 저는 오늘 명동에 가요. 같이 ___갈래요___? (가다)
나: 네, 좋아요. 같이 가요.

(2) 가: 오늘 저녁 중국 음식을 ______________?(먹다)
나 :미안해요. 오늘 다른 약속이 있어요.

(3) 가: 미소 씨는 뭘 먹겠어요?
나: 저는 냉면을 먹겠어요. 선생님은 뭐 ______________?(드시다)

(4) 가: 주말에 같이 영화 보는 게 어때요?
나: 이번 주말에는 저는 집에서 ______________. (쉬다)

(5) 가: 방학에 같이 부산에 ____________________?(놀러 가다)

나: 와, 좋아요! 갑시다.

(6) 가: 날씨도 좋고 공기도 좋으니까 잠깐 ____________________?(걷다)

나: 좋은 생각이에요.

새단어 _New Words

설렁탕 a kind of beef stew with rice

기르다 to grow (hair, nails)

2. '-(으)ㄹ래요'를 사용할 수 있으면 ○, 사용할 수 없으면 ×하세요.

(1) 내 친구는 집에 빨리 갈래요. (   )

(2) 오늘 같이 쇼핑할래요? (   )

(3) 수업이 끝나면 언니는 밥을 먹을래요. (   )

(4) 저는 머리를 자르지 않고 기를래요. (   )

(5) 저하고 커피 한 잔 하실래요? (   )

(6) 부모님은 한국에 오실래요. (   )

3. 친구와 함께 약속을 정해 보세요.

할 일	영화보기	
날짜	5월 12일	
시간	1시	
장소	극장앞	

보기

가: 영화표가 2장 있어요. 저랑 같이 영화 보러 갈래요?
나: 좋아요. 언제 갈래요?
가: 이번 주 토요일, 12일이 어때요?
나: 네, 괜찮아요. 그럼 몇 시에 만날까요?
가: 영화가 2시에 시작하니까 1시에 만날래요?
나: 알겠어요. 그럼 극장 앞에서 만날까요?
가: 네. 좋아요.

● '르' 불규칙 (irregular '르')

동사 어간이 '르' 로 끝나고 어미가 모음으로 연결될 때 'ㅡ' 가 탈락한 후 'ㄹ' 이 첨가 된다. 그래서 '다르다' 는 '달라' 가 되고, '모르다' 는 '몰라' 가 된다.

When the verb stem ends with '르' and endings connect with vowel, 'ㅡ' is deleted. And after that, 'ㄹ' is attached. '다르다' becomes '달라', '모르다' becomes '몰라'.

	-아/어/여요	-았/었/였어요	-고	-(스)ㅂ니다
모르다	몰라요	몰랐어요	모르고	모릅니다
고르다				
오르다				
다르다				
빠르다				
자르다				
부르다				
누르다				

가: 한국 노래를 좋아해요?
나: 네, 한국 노래를 좋아하지만 잘 못 **불러요.**

가: 우리 택시를 탈까요?
나: 지하철이 **빨라요.** 지하철을 탑시다.

가: 한국 생활이 어때요?
나: 작년에는 한국말을 잘 **몰라서** 힘들었어요. 그렇지만 지금은 재미있어요.

● 연습해 봅시다.

1. 알맞은 말을 넣으세요.

(1) 

자동차, 배, 기차, 비행기 중에서 비행기가 제일 빨라요 . (빠르다)

(2) 

저는 그 사람 주소와 전화번호를 ________________. (모르다)

(3) 

지난 주말에 머리를 짧게 ________________. (자르다)

(4) 

영화 시작 시간은 극장마다 ________________. (다르다)

(5) 

친구가 제 이름을 ________________. (부르다)

(6) 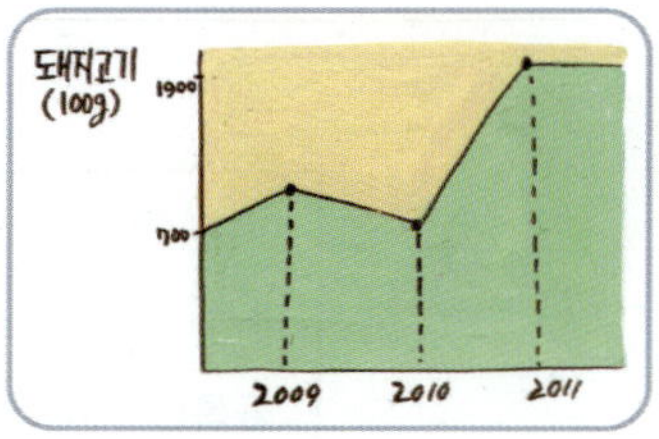

요즘 물건 값이 많이 ________________. (오르다)

(7) 

시험 문제의 답을 잘 ______________ 보세요.

(고르다)

(8) 

벨을 많이 ______________.

그런데 사람이 나오지 않았어요. (누르다)

2. 같은 의미의 문장으로 만드세요.

(1) 물건을 고르지 않았어요.

→ 물건을 안 골랐어요 ______________.

(2) 기차가 정말 안 빨랐어요.

→ 기차가 정말 ______________.

(3) 내년에 등록금이 오르지 않아요.

→ 내년에 등록금이 안 ______________.

(4) 전화번호를 안 눌렀어요.

→ 전화번호를 ______________.

(5) 머리를 짧게 자르지 않았어요.

→ 머리를 짧게 안 ______________.

새단어 _New Words

벨	bell
등록금	tuition

● A-아/어/여 보이다 (it looks~)

형용사에 붙어서 어떤 대상에 대해 겉으로 볼 때 그러하다고 느껴지게 되거나 짐작되는 것을 나타낸다.
'-아/어/여 보이다' is attached after an adjective expressing perception and realization.

가: 지난주에 산 옷이에요. 저한테 잘 어울려요?
나: 네, 정말 **날씬해 보여요.**

가: 하나 씨는 요즘 바쁜 것 같아요. **피곤해 보여요.**
나: 네, 매일 늦게까지 일을 해요.

가: 미소 씨, 아주 **행복해 보여요.** 좋은 일 있어요?
나: 네, 내일 저희 부모님이 한국에 오세요.

● 연습해 봅시다.

1. ' -아/어/여 보이다' 를 사용하여 문장을 만드세요.

비싸다 크다 춥다 아프다 슬프다 행복하다 작다

(1) 

두 사람은 추워 보여요 ________.

(2) 

선생님은 ________.

(3)  여자는 ______________________.

(4)  반지가 ______________________.

(5)  이 사람은 ______________________.

2. '–아/어/여 보이다' 를 사용하여 문장을 만드세요.

(1) 가: 이 사진에 있는 음식을 먹어 봤어요?

나: 아니요, 이름이 뭐예요? 맛있어 보여요 ______________. (맛있다)

(2) 가: 이 책을 사는 게 어때요?

나: 이 책은 ______________________. (어렵다)

(3) 가: 어떤 영화를 볼까요?

나: 저 영화를 봐요. 저 영화가 ______________. (재미있다)

(4) 가: 어제 늦게 집에 갔어요? ______________. (피곤하다)

나: 네, 일이 많아서 늦게 집에 갔어요.

(5) 가: 이 검은색 원피스가 어때요?

나: 좋아요. ______________________. (날씬하다)

(6) 가: 저게 떡볶이예요. 우리도 저걸 먹을까요?

나: 아니요, 너무 ______________________. (맵다) 다른 걸 먹어요.

● A/V-(으)ㄴ/는데 (but)

앞 문장과 뒷 문장의 의미가 반대일 때 쓴다. '-지만' 과 비슷한 의미를 지닌다. 형용사와 결합할 때는 '-은데', 동사 현재는 '-는데', 동사와 형용사 과거는 '-았/었/였는데' 로 결합된다. 명사와 연결할 때는 '-(이)ㄴ데' 로 결합된다.

'-(으)ㄴ/는데' is a connective ending expressing the opposite meaning with the preceding clause and following clause. It shares a similar meaning like '-지만'. '-은데' is connected when combined with an adjective, while '-는데' is connected when combined with a present tense verb. For the past tense verb, '-았/었/였는데' is attached. When combined with a noun, '-(이)ㄴ데' is attached.

비싸다	비싸 + ㄴ데 비쌌 + 는데	비싼데 비쌌는데
작다	작 + 은데 작았 + 는데	작은데 작았는데
빠르다	빠르 + ㄴ데 빨랐 + 는데	빠른데 빨랐는데
덥다	덥 + 은데 → 더우 + ㄴ데 더웠 + 는데	더운데 더웠는데

가다	가 + 는데 갔 + 는데	가는데 갔는데
읽다	읽 + 는데 읽었 + 는데	읽는데 읽었는데
듣다*	듣 + 는데 들었 + 는데	듣는데 들었는데
살다*	살 + 는데 → 사 + 는데 살았 + 는데	사는데 살았는데

동생은 **날씬한데** 저는 뚱뚱해요.
저는 농구를 **잘하는데** 형은 축구를 잘해요.
그 사람은 나이가 **많은데** 어려 보여요.
어제는 비가 **왔는데** 오늘은 눈이 와요.
그 사람은 작년에 부산에 **살았는데** 올해는 서울에 살고 있어요.

● 연습해 봅시다.

1. 문장을 연결하고 쓰세요.

(1) 어제는 기분이 좋았어요. •	• 친구 집은 가까워요.
(2) 하나 씨는 학교 근처에 살아요. •	• 지금은 바지를 자주 입어요.
(3) 어제 이 문법을 배웠어요. •	• 매일 학교에 늦게 와요.
(4) 우리 집은 학교에서 멀어요. •	• 오늘은 기분이 나빠요.
(5) 어렸을 때는 치마를 자주 입었어요. •	• 지금은 요리를 잘 해요.
(6) 저는 매운 음식을 잘 먹어요. •	• 잘 모르겠어요.
(7) 결혼 전에는 요리를 못 했어요. •	• 친구는 잘 못 먹어요.

(1) 어제는 기분이 좋았는데 오늘은 기분이 나빠요 .
(2) ______________________ .
(3) ______________________ .
(4) ______________________ .
(5) ______________________ .
(6) ______________________ .
(7) ______________________ .

2. 그림을 보고 알맞은 말을 넣으세요.

(1) 

가: 무슨 운동을 좋아해요?

나: 저는 수영은 좋아하는데 등산은 좋아하지 않아요. (좋아하다)

(2) 

가: 손님, 이 옷은 어떠세요?

나: ________________ 너무 비싸네요.(예쁘다)

(3) 

가: 방학에 여행갈 수 있어요?

나: ________________ 공부 때문에 못 가요. (가고 싶다)

(4) 

가: 요즘 한국어 공부는 어때요?

나: 말하기는 ________________ 쓰기가 어려워요. (쉽다)

(5) 

가: 살고 있는 집은 어때요?

나: 다 ________________ 방이 좀 작아요. (괜찮다)

(6) 

가: 하나 씨, 점심 안 먹었으면 같이 먹어요.

나: 점심을 안 ________________ 배가 안 고파요. 먼저 드세요. (먹다)

활동 Task

Talk

● 표현을 선택하고 말해 보세요.

지금 친구가 어때 보여요?	어떤 말을 해 줄까요?
친구가 아파 보입니다.	
친구가 즐거워 보입니다.	
친구 기분이 나빠 보입니다.	
친구가 우울해 보입니다.	

① 왜 그래요? ② 왜 그렇게 기분이 좋아요? ③ 무슨 일 있어요?
④ 무슨 좋은 일 있어요? ⑤ 무슨 안 좋은 일 있어요? ⑥ 어디가 아파요?
⑦ 걱정이 있어요? ⑧ 컨디션이 안 좋아요? ⑨ 기운 내세요.
⑩ 진정하세요. ⑪ 몸조리 잘 하세요. ⑫ 좋겠어요.
⑬ 푹 쉬세요.

Write

● 쓰세요.

다음 친구들의 모습을 잘 보세요. 이 친구들은 지금 어때 보입니까?

이 친구들에게 무슨 일이 있었습니까? 상상하여 써 보세요.

①

②

③

④

보기 (④) 이 사람은 힘들어 보여요 .

이 사람은 공항에서 친구를 만날 약속을 했어요. 하지만 친구를 만나지 못했어요. 친구는 휴대폰이 없어서 연락을 할 수 없었거든요. 그래서 공항에서 3시간 동안 기다렸지만 만나지 못했어요. 집으로 혼자 돌아왔어요. 돌아왔을 때 아주 힘들고 배가 고팠지만 집에 먹을 것이 하나도 없었어요. 그래서 지금 힘들고 아주 배가 고파요.

(   ) ______________________________

Read

● 읽고 말해 보세요.

바비 씨, 어령 씨, 민수 씨 세 사람은 고민이 있습니다. 여러분은 이 사람들에게 어떤 조언을 해 줄 수 있습니까? 여러분의 생각을 이야기해 봅시다.

바비

저는 올해 42살 주부입니다. 그런데 사람들이 저를 보면 50대라고 생각합니다. 젊어 보이는 방법이 있습니까? 피부, 머리 스타일, 옷 스타일 어떻게 해야 할까요? 그리고 어떤 생활 습관이 있으면 좋을까요?

→ 밝은 색의 옷을 입어 보세요. 밝은 색 옷을 입으면 젊어 보여요.

→

→

어령

저는 25살 회사원입니다. 저는 조금 통통합니다. 어떤 스타일의 옷을 입으면 좀 더 날씬해 보일까요? 옷을 살 때마다 고민입니다. 저를 도와 주세요.

→

→

민수

저는 33살 미혼의 은행원입니다. 저는 보통 남자보다 키가 작습니다. 그래서 키가 커 보였으면 좋겠습니다. 어떻게 하면 키가 커 보일까요? 조언을 부탁드립니다.

→ ________________________________

→ ________________________________

새단어 _New Words

고민	worry, troubled
조언	advice
젊다	to be young
피부	skin
생활 습관	habits and attitudes towards every day life
통통하다	to be plump

Listen

● 듣고 질문에 답하세요. Track 36

1. 잘 듣고 맞으면 ◯, 틀리면 × 하세요.

(1) 이 손님은 이 미용실에 처음 왔습니다. ☐

(2) 요즘 유행하는 머리는 긴 파마 머리입니다. ☐

(3) 머리를 자르고 염색도 같이 할 것입니다. ☐

2. 다음 질문에 답하세요.

(1) 손님이 미용실에 가기 전에 어떤 머리스타일이었습니까?

① ② ③ ④

(2) 미용실에서 나왔을 때 머리 스타일을 그려 보세요.

새단어 _New Words

유행하다 to be popular

문화 Cultural Notes

여성상과 남성상

옛날과 지금의 미인상은 조금 다릅니다. 옛날에는 키가 작고 통통한 여자를 미인이라고 생각했습니다. 그리고 눈이 작고 옆으로 긴 눈을 좋아했습니다. 하지만 지금은 키가 크고 날씬한 사람을 미인이라고 생각합니다. 또한 눈이 크고 쌍꺼풀이 짙게 있는 눈을 선호합니다. 그래서 쌍꺼풀이 있는 눈을 만들기 위해서 성형수술을 하기도 합니다.

옛날과 지금의 남성상도 조금 다릅니다. 과거에는 '남자답다'고 하면 체구가 좋고 몸이 좋았습니다. 그리고 남자의 얼굴을 심하게 따지지 않았습니다. '예쁘다'라는 말은 여자에게 쓰고 남자에게는 쓰지 않는 말이었습니다. 하지만 지금은 여자처럼 생긴 남자들에게 '예쁘다'라는 말을 합니다.

There are differences when complimenting a beautiful woman from the past and now. In the past, Koreans thought that a beautiful woman was not to tall and a little plump with small eyes. Now Koreans think beautiful women have to be tall and slim. They must have big eyes with double eyelids. Some Korean women have plastic surgery in order to make double eyelids. '예쁘다' is the expression for complimenting a beautiful woman, but now this is also used for a man who has a pretty face.

Goals

LESSON 10

요리

Cooking

학습목표

요리 관련 어휘를 이용해서 표현할 수 있다.
간단한 한국 요리를 알고 요리 순서를 설명할 수 있다.

문법

V-(으)ㄴ 후에 (afterwards, later)
A/V-아/어/여야 (only to the extent that ~ can ~ does one)
V-기 (nominalizer endings)
사동사 '-히-', '-리-' (short causatives)

활동

요리 관련 어휘를 이용해서 표현하기
요리 순서를 설명하기

요리 많이 배운 후에 저도 한번 초대해 주세요!

Listen

Track 37

유리	이번 학기가 끝난 후에 뭐 할 거예요?
베라	아직 특별한 계획이 없어요. 하지만 한국어 공부를 좀 더 해야 다음 학기에 잘할 수 있을 것 같아요.
유리	저는 방학 동안 학원에서 한국 요리를 배울까 해요.
베라	좋은 계획이에요! 하지만 한국 요리가 좀 어렵지 않아요?
유리	아니에요, 그렇게 어렵지 않아요. 전에 몇 번 해 봤는데 별로 어렵지 않았어요.
베라	그럼 요리 많이 배운 후에 저도 한번 초대해 주세요!

새단어 _New Words

학기	semester	학원	institute	특별하다	to be special

조금 더 익혀야 먹을 수 있어요

Listen Track 38

이민호	링링 씨, 오늘 저녁 뭐 먹을까요?
링링	삼겹살을 먹었으면 좋겠어요.
이민호	좋아요. 오늘은 돼지 삼겹살을 먹어요.
	저 식당이 맛있어 보여요. 저기로 가 볼까요?
	(식당에서)
링링	빨리 먹고 싶어요. 지금 먹어도 돼요?
이민호	아직 먹으면 안 돼요. 조금 더 익혀야 먹을 수 있어요.
링링	알겠어요. 우리 고기와 같이 먹을 것 시킬래요?
이민호	저는 물냉면 먹을래요. 링링 씨는요?
링링	그럼 저는 비빔냉면 먹을래요.

새단어 _New Words

삼겹살	pork meat	물냉면	noodle in cold soup	시키다	to order
익히다	to cook, boil	비빔냉면	noodle with hot sauce		

멸치를 뺀 후에 된장을 넣으세요

Listen Track 39

김지선	제일 먼저 뚝배기에 물과 큰 멸치를 넣고 끓이세요.
유리	그럼 물을 끓이는 동안 뭘 할까요?
김지선	호박, 두부, 양파, 고추, 파를 써세요.
유리	그럼 마늘은요?
김지선	마늘은 다지세요. 자, 물이 끓었으면 뚝배기에서 멸치를 빼세요. 멸치를 뺀 후에 된장을 넣으세요. 그리고 준비한 야채들을 넣고 나서 다시 끓이세요. 마지막으로 마늘과 고추, 파를 넣고 다시 한 번 끓이세요.
유리	쉬워서 저도 잘할 수 있을 것 같아요.
김지선	네, 맞아요. 자, 한번 맛을 보세요. 국물 맛이 어때요?

새단어 _New Words

뚝배기	Korean earthen pot	양파	onion	마늘	garlic	넣다	to put in
멸치	anchovy	고추	pepper	다지다	to mince	끓이다	to boil
호박	pumpkin	파	green onion	빼다	to take something from	국물	soup
두부	tofu						

문법 Grammar Focus

● V-(으)ㄴ 후에 (afterwards, later)

동사에 붙어 어떤 행위가 뒤에 오는 행위보다 시간상 앞섬을 나타낸다. '-은 후에'는 ㄹ을 제외한 받침 있는 동사 어간 뒤에 사용한다. '-ㄴ 후에'는 받침 없는 동사 어간이나 ㄹ 받침으로 끝나는 동사 어간에 사용한다.

It is attached after verbs expressing some behavior that previously occurred prior to another behavior. '-은 후에' is attached after the verb stem which ends in consonants except 'ㄹ'. '-ㄴ 후에' is attached after the verb stem which ends in a vowel or consonant ending in 'ㄹ'.

가다	가 + ㄴ 후에	간 후에
먹다	먹 + 은 후에	먹은 후에
걷다*	걷 + 은 후에 → 걸 + 은 후에	걸은 후에
만들다*	만들 + 은 후에 → 만드 + ㄴ 후에	만든 후에

수업이 **끝난 후에** 점심 먹으러 갈 거예요.

오빠는 책을 **읽은 후에** 도서관에 반납했어요.

어머니는 그 소식을 **들은 후에** 슬퍼서 우셨어요.

가: 언제 점심 먹으러 갈 거예요?

나: 숙제를 다 **한 후에** 갈 거예요.

가: 그럼 저 먼저 갈게요. 너무 배가 고파요.

● 연습해 봅시다.

1. '-(으)ㄴ 후에'를 사용하여 문장을 만드세요.

(1)

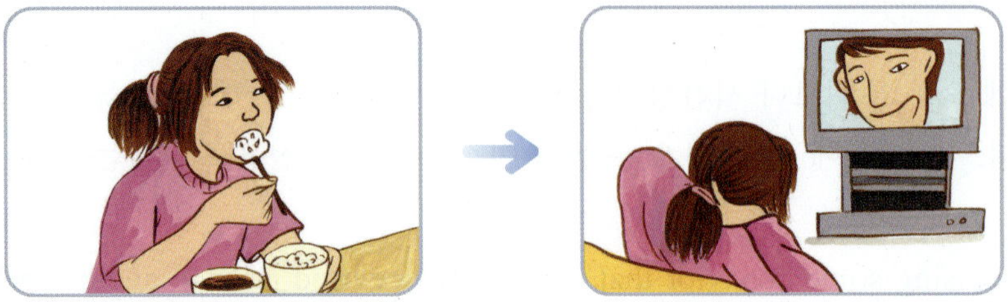

→ 밥을 먹은 후에 텔레비전을 봐요.

(2)

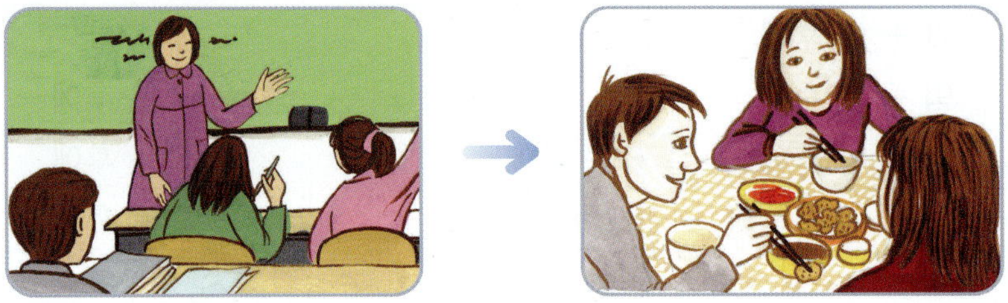

→ ______________________________.

(3)

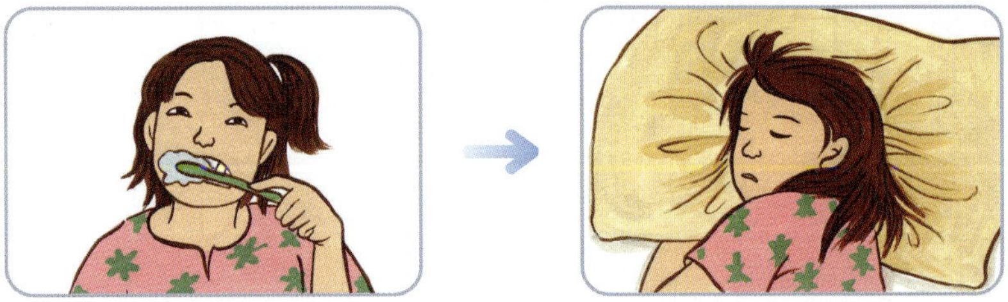

→ ______________________________.

(4)

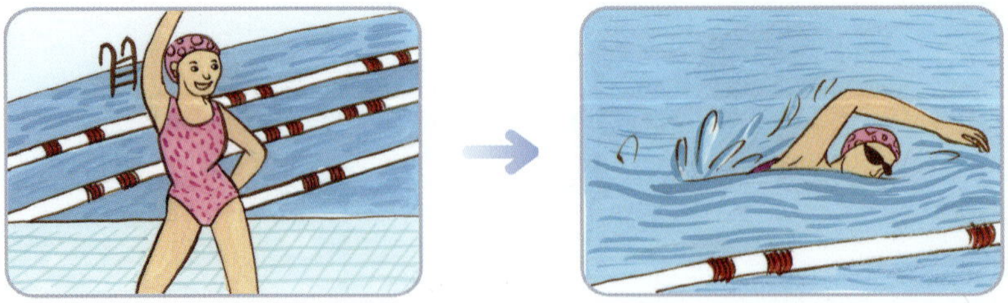

→ ______________________________.

(5) 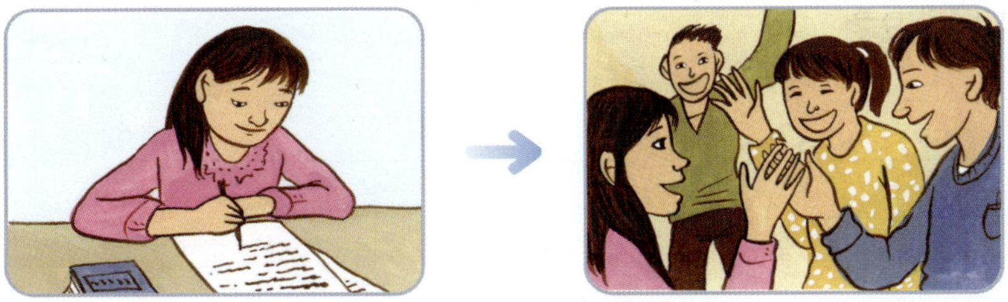

→ ____.

(6) 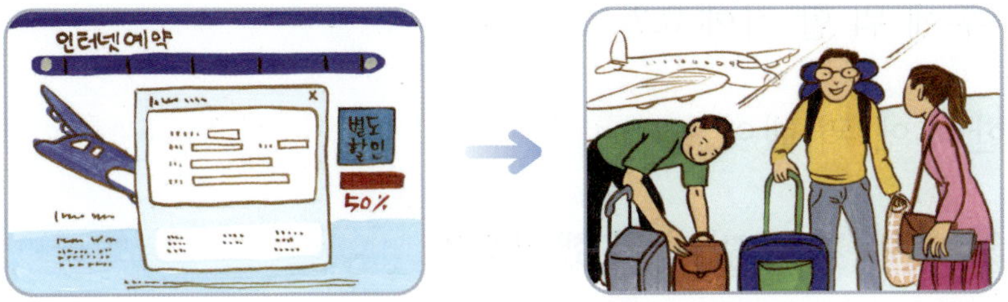

→ ____.

2. '-(으)ㄴ 후에'를 사용하여 문장을 만드세요.

(1) 가: 아침에 일어나서 무엇을 해요?

나: 나는 아침에 일어난 후에 세수를 합니다______________.

(2) 가: 청소를 하려면 무엇을 먼저 합니까?

나: ______________________________ 후에 청소를 합니다.

(3) 가: 학교에 오면 무엇을 해요?

나: ______________________________ 후에 공부를 시작해요.

(4) 가: 컴퓨터를 사용한 후에 어떻게 해요?

나: ____.

(5) 가: 수업이 끝나면 무엇을 해요?

나: ____.

(6) 가: 저녁 때 보통 뭐 해요?

나: ______________________________.

3. 친구와 같이 이야기해 보세요.

(1) 이번 학기가 끝난 후에 뭐 할 거예요?

(2) 고등학교를 졸업한 후에 뭐 했어요?

(3) 오늘 아침에 일어난 후에 제일 먼저 뭐 했어요?

(4) 식사한 후에 먹는 음식을 뭐라고 해요?

(5) 아침에 이를 닦은 후에 식사를 해요?

(6) 세수를 한 후에 얼굴에 뭘 발라요?

새단어 _New Words

반납하다 to return
슬프다 to be sad
고등학교 highschool
바르다 to rub

● A/V-아/어/여야 (only to the extent that ~ can ~ does one)

동사, 형용사 어간이나 '-았/었/였-' 뒤에 붙어서 앞선 행위나 상태가 뒤 상황에 대한 필수적인 조건임을 말한다.

It can be attached after the adjective and verb stem or '-았/었/였-'. The preceding clause is an absolute prerequisite to the contents of the following clause.

가다	가 + 아야	가야
먹다	먹 + 어야	먹어야
깨끗하다	깨끗하 + 여야	깨끗해야
듣다*	듣 + 어야 → 들 + 어야	들어야

공항에 **가야** 비행기를 탈 수 있어요.

학교에 **와야** 선생님을 만날 수 있어요.

키가 **커야** 농구 선수를 할 수 있어요.

한국어를 잘 **해야** 좋은 회사에 들어갈 수 있어요.

● 연습해 봅시다.

1. 알맞은 것을 연결하고 '-아/어/여야'를 사용하여 문장을 만드세요.

(1) 기차표를 사다 •	• 감기가 나아요.
(2) 감기약을 먹다 •	• 건강해져요.
(3) 신분증이 있다 •	• 기차를 탈 수 있어요
(4) 매일 열심히 공부하다 •	• 통장을 만들 수 있어요.
(5) 매일 운동하다 •	• 시험에 합격할 거예요.

(1) 기차표를 사야 기차를 탈 수 있어요 .

(2) ________________________________ .

(3) ________________________________ .

(4) ________________________________ .

(5) ________________________________ .

2. '-아/어/여야'를 사용하여 문장을 만드세요.

(1) 

가: 지금 요리를 시작할까요?

나: 안 돼요. 장을 봐야 요리를 할 수 있어요.

(2) 

가: 오늘 같이 영화 보러 갈까요? 시간 있어요?

나: ____________ 영화 보러 갈 수 있어요.

(3) 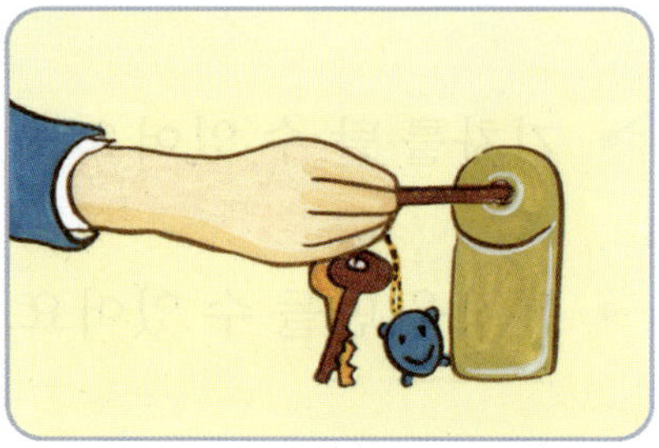

가: 문이 잠겼어요. 어떻게 들어갈 수 있어요?

나: ____________ 들어갈 수 있어요.

(4) 

가: 다른 학교 학생들도 우리 학교 도서관에서 책을 빌릴 수 있어요?

나: 아니요, ____________ 빌릴 수 있어요.

(5) 

가: 한국 회사에서 일하고 싶어요. 어떻게 해야 할까요?

나: ____________ 한국 회사에서 일할 수 있어요.

새단어 _New Words

장을 보다	to do grocery shopping
낫다	to recover
합격하다	to pass
잠기다	to be locked
비자	visa

3. 친구와 함께 이야기해 보세요.

(1) 시험에서 몇 점을 받아야 3급에 갈 수 있어요?

(2) 비자가 있어야 갈 수 있는 나라가 어디예요?

(3) 어떻게 해야 감기가 빨리 나을 수 있어요?

(4) 눈이 좋아야 할 수 있는 직업이 뭐예요?

(5) 한국에서 다른 사람이 도와줘야 할 수 있는 일이 뭐예요?

● -기 (nominalizer endings)

동사와 결합하여 명사형을 만든다. 이미 과거에 한 일이 아니라 앞으로 할 일들을 표현할 때 사용한다.
'-기' is the nominalizer attached to verb stems to act like nouns. This is used for expressing things that have to be done in the near future.

가다	가 + 기	가기
먹다	먹 + 기	먹기
듣다	듣 + 기	듣기

이번달의 계획
1. 한국어 CD 매일 듣기 2. 매일 밤 1시 전에 자기 3. 밖에서 사 먹지 않고 집에서 식사하기

● 연습해 봅시다.

1. '-기'를 사용하여 쓰세요.

(1) 쓰다 → 쓰기

(2) 춤을 추다 → ____________

(3) 밥을 먹다 → ____________

(4) 한국어를 공부하다 → ____________

(5) 음악을 듣다 → ____________

(6) 머리를 자르다 → ____________

2. 여러분의 내일 일정을 '-기'를 사용하여 쓰세요.

____

____

____

● 사동사 '-히-', '-리-' (short causatives)

사동사를 만들기 위하여 일부 동사 어간에 '-히-' 나 '-리-' 를 붙인다.

In order to make short causatives, the suffix '-히-' or '-리-' is attached to a transitive verb stem.

-히-	입다 – 입히다 익다 – 익히다 넓다 – 넓히다

언니가 예쁜 옷을 **입어요.**

언니가 동생에게 예쁜 옷을 **입혀요.**

고기가 다 **익었어요.** 같이 먹읍시다!

고기를 더 **익혀야 해요.** 좀 더 기다려 주세요.

가게가 **넓어요.**

우리 가게가 너무 좁아요. 가게를 **넓히면** 좋겠어요.

● 연습해 봅시다.

1. 다음 문장을 만드세요.

(1) 돼지고기를 잘 ___익히___고 나서 드세요.

(2) 길이 좁아서 길을 ________고 있어요.

(3) 여보! 오늘 날씨가 춥고 눈이 와요.

아기에게 따뜻한 옷을 ________.

2. 친구와 같이 이야기해 보세요.

(1) 날씨가 추울 때 아기에게 옷을 어떻게 **입혀야** 돼요?

(2) 어떤 날 부모님이 아이들에게 한복을 많이 **입혀요**?

(3) 안 **익혀** 먹을 수 있는 음식은 뭐가 있어요?

(4) 소고기와 돼지고기를 먹을 때 꼭 **익혀야** 돼요?

(5) 우리 교실을 더 **넓히면** 좋겠어요?

-리-	알다 – 알리다 울다 – 울리다 얼다 – 얼리다 살다 – 살리다

사람들은 그 사실을 **알아요.**

저는 사람들에게 그 사실을 **알렸어요.**

제니 씨가 혼자 **울어요.**

토니 씨가 제니 씨를 **울렸어요.**

냉동실에 있는 고기가 **얼었어요.**

어머니가 냉동실에서 고기를 **얼렸어요.**

큰 불이 났지만 두 사람이 **살았어요.**

큰 불이 났을 때 한 남자가 두 사람을 **살렸어요.**

● 연습해 봅시다.

1. 문장을 만드세요.

(1) 떡을 냉동실에서 ____얼리____ 면 오랫동안 보관할 수 있어요.

(2) 그 날 회의에 못 오면 저한테 미리 전화로 ________________.

(3) 엄마가 집에 안 계실 때마다 형이 동생을 ________________.

(4) 의사가 환자를 ________________________________.

2. 친구와 같이 이야기해 보세요.

(1) 학교에 못 오면 누구에게 **알려야** 해요?

(2) 연락처 좀 **알려** 주시겠어요?

(3) 어렸을 때 동생을 많이 **울렸어요**?

(4) 여자(남자)친구를 **울려** 봤어요?

(5) 얼음을 **얼리고** 싶으면 물을 어디에 넣어야 해요?

(6) **얼려** 먹으면 맛있는 음식은 어떤 것이 있어요?

(7) 수영을 못 하는 친구가 물에 빠졌어요. 친구를 어떻게 **살릴** 수 있어요?

새단어 _New Words

환자	patient
미리	beforehand
연락처	contact address
얼음	ice
빠지다	to fall into

활동 Task

Talk

● 배워 봅시다.

다음은 여러 가지 양념입니다. 이 양념들의 색과 맛은 어떻습니까?

	색 깔	맛
설탕	흰색	달아요
간장		
소금		
깨소금		
참기름		
기름(식용유)		
고춧가루		
후춧가루		
고추장		
된장		
식초		

Write

- 다음 물건들의 이름을 쓰세요.

주걱　냄비　국자　프라이팬　도마　가위　주전자　칼

(　　　) (　　　) (　　　) (　　　)

(　　　) (　　　) (　　　) (　　　)

싱크대	가스레인지	전자레인지	정수기
식기세척기	냉장고	믹서	전기밥솥

   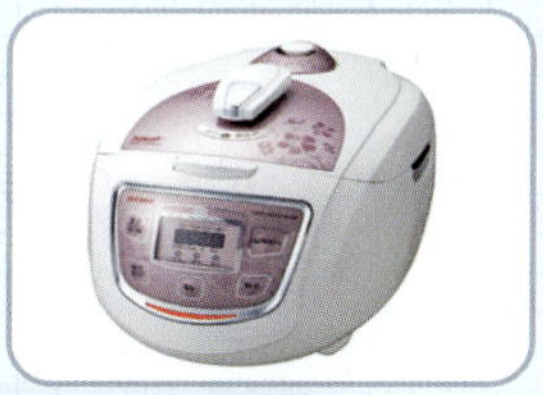

(　　　) (　　　) (　　　) (　　　)

 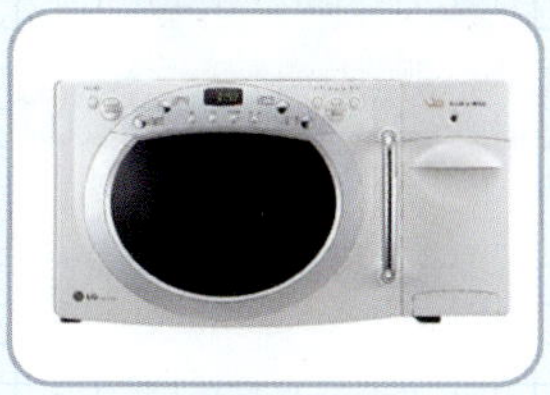 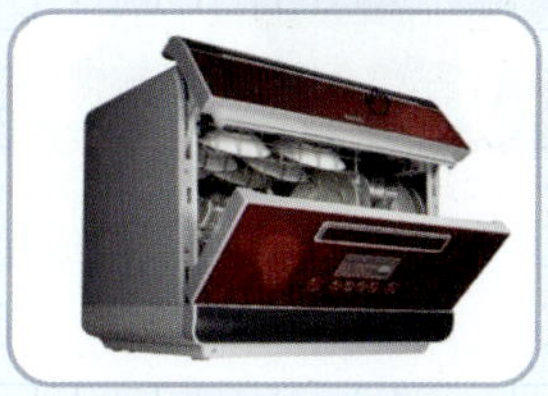 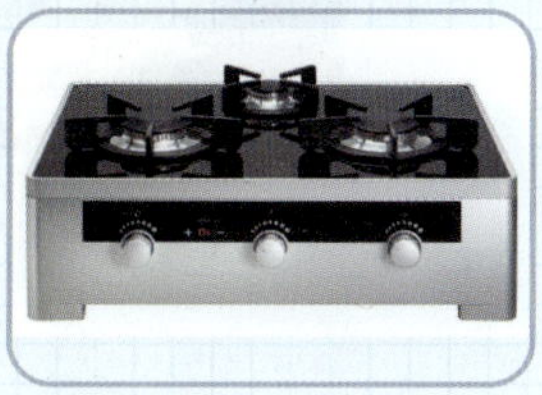

(　　　) (　　　) (　　　) (　　　)

● 여러 가지 요리 방법입니다. 사진을 보고 알맞은 것을 잘 찾아 보세요.

① 씻다　　② (껍질을) 까다/벗기다

(　　　　　)

(　　　　　)

① 가위로 자르다　　② 칼로 썰다　　③ 다지다　　④ 섞다

(　　　　　)

(　　　　　)

(　　　　　)

(　　　　　)

① 볶다　　② 튀기다　　③ 굽다

(　　　　　)

(　　　　　)

(　　　　　)

● 이야기하고 쓰세요.

여러분은 어떤 한국 음식을 먹어 봤습니까?

	나	친구
음식 이름		
음식의 재료		
음식의 맛		
먹은 장소		
같이 먹은 사람		

먹어 본 음식을 그려 보세요.

내가 먹어 본 음식	친구가 먹어 본 음식

Listen

● 듣고 질문에 답하세요. Track 40

1. 이 음식의 이름은 무엇입니까?

2. 이 음식은 언제 먹으면 좋습니까?

3. 들은 이야기와 맞으면 ○, 틀리면 × 하세요.

(1) 이 음식은 한국 사람들이 생일 파티 때 많이 먹어요. ☐

(2) 콩나물국의 국물은 찬물에 멸치를 넣고 끓여요. ☐

(3) 콩나물을 끓일 때 뚜껑을 연 후에 끓여요. ☐

Talk

● 친구와 이야기해 보세요.

1. 다음은 김치볶음밥을 만드는 방법입니다. 사진을 보고 요리 방법을 설명해 보세요.

재료

만드는 방법

볶다 넣다 빼다 썰다

2. 여러분은 어떤 요리를 할 수 있나요?

재료와 만드는 방법을 친구들에게 소개해 주세요.

재료

만드는 방법

Read

● 읽고 쓰세요.

닭갈비 만들기

여러분은 춘천 닭갈비를 먹어 보았습니까? 닭갈비는 춘천에서 아주 유명한 요리지만 요즘은 서울에서도 먹어볼 수 있습니다. 좀 맵지만 야채와 함께 먹으면 정말 맛있습니다. 우리 함께 닭갈비를 만들어 봅시다.

재료(2인분)

닭고기, 양파, 양배추, 파, 깻잎, 양념(고추장2T, 맛술2T, 설탕1T, 다진 마늘1T, 물엿0.5T, 간장0.5T, 고춧가루1T, 카레가루0.3T, 참기름0.5T, 생강가루0.3T, 후춧가루, 깨소금)

만들기

1. 닭고기를 양념에 버무린 후에 1시간 동안 재웁니다.
2. 프라이팬에 식용유를 두르고 재운 닭을 익힌 후 양파, 양배추, 파를 넣습니다.
3. 강한 불에서 빨리 익혀야 물이 안 생깁니다.
4. 닭갈비를 다 먹은 후에 밥과 깻잎, 김, 참기름, 깨소금을 넣어서 볶음밥을 만들어 먹습니다.

1. 위 내용과 맞으면 ○, 틀리면 × 하세요.

(1) 이 요리는 꼭 춘천에서 먹어야 맛있습니다. ☐

(2) 이 요리는 닭을 튀겨서 만듭니다. ☐

(3) 약한 불로 익혀야 맛있습니다. ☐

(4) 이 요리를 다 먹은 후에 밥을 볶아서 먹으면 맛있습니다. ☐

2. 다음을 보고 요리 순서대로 써 보세요.

닭고기를 야채와 함께 익히기	밥과 양념을 함께 볶기
닭고기를 양념과 함께 재우기	팬에 식용유를 두르기

① ________ → ② ________ →

③ ________ → ④ ________

새단어 _New Words

양배추	cabbage	생강가루	ginger powder
깻잎	sesame leaf	버무리다	to mix, compound
맛술	refined clear rice wine	재우다	to marinate
물엿	starch syrup	두르다	to put around
카레가루	curry powder	생기다	to be formed, happen

문화 Cultural Notes

지역별 유명음식

각 지역마다 날씨나, 관습, 문화의 영향으로 다양한 음식이 있습니다. 먼저 서울의 유명한 음식은 설렁탕입니다. 설렁탕은 소의 여러 부위를 넣고 푹 끓인 국으로 조선시대에 왕이 선농단에 나와서 제사를 올리고 백성들에게 대접한 식사에서 유래한 음식입니다. 강원도 춘천에는 닭갈비와 메밀막국수가 유명합니다. 닭갈비는 닭을 양념에 재워 고구마, 당근, 양배추, 양파, 파, 떡 등의 재료와 함께 철판에 볶아 먹는 음식입니다. 막국수는 메밀가루를 반죽하여 국수를 만들고, 거기에 양념장을 비비거나 국물을 부어 먹는 음식입니다. 보통 닭갈비와 메밀막국수를 함께 먹습니다. 전라도 전주에는 비빔밥이 유명합니다. 그릇에 밥과 나물을 넣고 고추장에 비벼 먹는 음식으로 전라도 음식 중에서 전국에 가장 널리 퍼진 음식입니다. 이밖에도 초당두부, 영덕대게, 이천쌀밥, 안동찜닭, 담양떡갈비, 제주흑돼지 등 지역별로 다양한 음식이 존재합니다. 여러분도 특정 지역으로 여행을 가면 그 지역에서 유명한 음식을 꼭 드셔보시기 바랍니다.

In every regional area, there are various kinds of food influenced by the weather, custom and cultures. In Seoul, Seolleongtang is famous. This is a soup which is made with various parts of meat. During the Joseon period, after performing ancestral rites, the King gave prepared soup to people and this was Seolleongtang.

In Chuncheon, both stir-fried chicken ribs and buckwheat noodles are famous. Various ingredients like sliced chicken, sweet potato, carrots, cabbage, white onions, green onions and rice cakes are cooked together. Buckwheat noodles with various seasoning tastes good.

In Jeonju, Bibimbap is famous. Various kinds of vegetables are mixed with rice and tastes good. This food is also good for your health, so it's popular all throughout Korea. In addition, tofu in Chodang, crab in Yeongduk, white rice in Ichen, Boiled chicken in Andong, we have ribs in Dangyang, black pork in Jeju. If you visit these places, don't forget to taste these foods.

LESSON 11

약속

Appointment

Goals

학습목표

약속을 정할 때 제안하거나 거절할 수 있다.
이미 정한 약속의 내용을 전달할 수 있다.

문법

V-지 말고 (don' t~and)
N 중/V-는 중이다 (in the middle of, is doing)
V-기로 하다 (decide to do, promise to do)
V-자마자 (as soon as)

활동

약속 제안, 거절하기
약속한 내용 전달하기

기다리지 말고 먼저 출발하세요

Listen Track 41

호나우두	여보세요, 베라 씨. 지금 어디쯤이에요? 왜 안 와요?
베라	아, 미안해요. 지금 가는 중이에요. 거의 다 왔어요.
호나우두	네, 빨리 오세요. 베라 씨 빼고 모두 다 왔어요.
베라	그럼 기다리지 말고 먼저 출발하세요. 저는 극장 앞으로 바로 갈게요.
호나우두	알겠어요. 그럼 그렇게 할게요. 아, 베라 씨 그럼 지하철역 2번 출구로 나오지 말고 3번 출구로 나오세요. 그게 더 빠르니까요.
베라	고마워요. 도착하면 전화할게요.

새단어 _New Words

거의	almost	바로	immediately, right away
빼고	except	나오다	to get out

매일 한국어를 복습하기로 했어요

Listen

Track 42

데이비드	저는 오늘부터 수업 후에 매일 한국어를 복습하기로 했어요.
유키	와, 좋은 계획이네요.
데이비드	매일 복습을 안 하면 배운 것을 많이 잊어버려요.
유키	맞아요. 복습은 정말 중요하고 필요해요. 그런데 저는 집에 가자마자 TV만 보고 복습하는 것을 잊어버려요.
데이비드	그래서 저는 수업이 끝나자마자 도서관에 가려고 해요.
유키	정말 그렇게 하기로 했어요? 대단하네요. 저는 항상 수업이 끝나자마자 점심 먹으러 가는데요.

새단어 _New Words

복습하다	to review
잊어버리다	to forget
대단하다	to be great
중요하다	to be important
필요하다	to be necessary

회식에 대해서 이야기를 하는 중이에요

Listen

Track 43

이소영	오늘 회식 장소를 정했어요?
박 선생	아니요, 아직이요. 오랜만에 감자탕집이 어떠세요?
이소영	오늘은 감자탕집에 가지 말고 일식집으로 가는 게 어때요?
박 선생	네, 그럼 그렇게 할까요?
이소영	그리고 오늘은 늦게까지 먹지 말고 회식을 일찍 끝냅시다.
박 선생	네, 저도 찬성이에요!
	(이 때 김 선생이 들어옵니다.)
김 선생	무슨 이야기를 하는 중이에요?
박 선생	회식에 대해서 이야기를 하는 중이에요.
김 선생	어디에서 회식을 하기로 했는데요?
박 선생	일식집에서 하기로 했어요. 그리고 오늘은 회식을 일찍 끝내기로 했어요.

새단어 _New Words

정하다	to decide	회식	dine together	찬성하다	to agree

문법 Grammar Focus

● V-지 말고 (don't ~ and)

동사에 붙어 어떤 행위의 금지를 나타내는 '-지 말다' 에 '-고' 가 결합한 형태이다. 뒤에는 명령형과 청유형만 올 수 있다.

'-지 말고' is attached to the verb for expressing prohibition against the state of the main verb. The usage or pattern '-지 말고', only appears in imperative and propositive forms.

하다	하 + 지 말고	하지 말고
먹다	먹 + 지 말고	먹지 말고
듣다	듣 + 지 말고	듣지 말고

가: 교실 안에서 사진을 찍을까요?

나: 아니요, 교실 안에서 **찍지 말고** 밖으로 나갑시다.

가: 4층까지 걸어 갈까요?

나: 아니요, 걸어 **가지 말고** 엘리베이터를 타는 게 어때요?

가: 어제 본 영화 괜찮았어요?

나: 아니요, 재미없어요. 그 영화 **보지 말고** 다른 것 보세요.

가: 공항에 갈 때 택시를 타야 돼요?

나: 버스로도 빨리 갈 수 있어요. 택시를 **타지 말고** 버스를 타세요.

● 연습해 봅시다.

1. 알맞은 것을 연결하여 문장을 만드세요.

1-1

(1) 극장 앞에서 만나지 말고 •	• 집에서 만들어 먹읍시다.
(2) 이쪽에 앉지 말고 •	• 계속 쓰는 게 어때요?
(3) 학교까지 걷지 말고 •	• 택시 타는게 어때요?
(4) 창문을 열지 말고 •	• 저쪽에 앉는 게 어때요?
(5) 밖에서 사 먹지 말고 •	• 극장 안에서 만나요.
(6) 이 라디오를 버리지 말고 •	• 에어컨을 켭시다.

1-2

(1) 밖에 나가지 말고 •	• 앉으세요.
(2) 움직이지 말고 •	• 숙제 좀 하세요.
(3) 망설이지 말고 •	• 집에서 기다리세요.
(4) 돈을 쓰지 말고 •	• 가만히 있어요.
(5) TV 보지 말고 •	• 저축해 보세요.
(6) 눕지 말고 •	• 생각한 것을 말하세요.

2. 다음 문장을 완성하세요.

(1) 여기 있는 음식을 다 먹지 말고 조금 남기세요.

(2) 지금 출발하지 말고 ______________________.

(3) 너무 오랫동안 고르지 말고 ______________________.

(4) 옷들을 침대 위에 놓지 말고 ______________________.

(5) 바나나를 냉장고에 넣지 말고 ______________________.

(6) 쉬지 말고 ______________________.

3. 친구의 걱정을 듣고 '-지 말고'를 사용하여 친구에게 이야기해 주세요.

(1) 친구: 밤마다 위가 아파서 잠을 잘 수 없어요.

→ 매운 음식을 먹지 말고 안 매운 음식을 드세요.

(2) 친구: 헤어진 여자 친구가 계속 생각이 나요.

→ ______________________.

(3) 친구: 어떻게 하면 돈을 적게 쓸 수 있어요?

→ ______________________.

(4) 친구: 한국에 온 후에 살이 너무 많이 쪘어요.

→ ______________________.

새단어 _New Words

계속	to continue	고르다	to select
움직이다	to move	놓다	to put
망설이다	to hesitate	넣다	to put in
눕다	to lie down	위	stomach
저축하다	to deposit	살이 찌다	to gain weight
가만히	quietly		

● N 중/V-는 중이다 (in the middile of, is doing)

동사의 진행을 나타내는 표현이다. 명사에는 '중' 이 결합되고, 동사에는 '-는 중' 이 결합된다.

These are the expressions for progressive present tense. After the noun, '중' is attached and for the verb, '-는 중' is attached.

하다	하 + 는 중이다	하는 중이다
듣다	듣 + 는 중이다	듣는 중이다
만들다*	만들 + 는 중이다 → 만드 + 는 중이다	만드는 중이다

가: 여보세요. 제시카 씨? 저 경준이에요.

나: 여보세요. 경준 씨, 미안해요. 지금 **수업 중이에요**.

제가 한 시간 후에 다시 전화할게요.

가: 오늘 왜 백화점 앞에 길이 많이 밀려요?

나: 요즘 **세일 중이거든요**.

가: 지금 뭐 하고 있어요?

나: 외출 **준비하는 중이에요**.

가: 지금 뭐 **하는 중이에요**? 바빠요?

나: 아니요, 친구들이랑 점심을 **먹는 중이에요**.

● 연습해 봅시다.

1. 알맞은 것을 골라 문장을 만드세요.

식사 중	수업 중	통화 중	외출 중
세일 중	휴가 중	공사 중	회의 중

(1) 가: 지금 뭐 하고 있어요?

나: 학교에서 수업 중이에요________________.

(2) 가: 여보세요. 김경준 씨 지금 자리에 계세요?

나: 아니요, 지금 ________________.

(3) 가: 왜 이렇게 시끄러워요?

나: 밖에서 지금 ________________.

(4) 가: 어머니께 전화 드렸어요?

나: 네, 조금 전에 했는데 ________________.

(5) 가: 여보세요, 미소 씨 계시면 좀 바꿔 주세요.

나: 지금 ________________.

2. '-는 중이다'를 사용하여 문장을 만드세요.

(1)

가: 지금 뭐 하는 중이에요?

나: 그림을 그리는 중이에요________________.

(2)

가: 지금 뭐 해요?

나: ________________.

(3)

가: 바빠요? 뭐 해요?

나: ____________________.

(4)

가: 여보세요, 지금 뭐 하고 있어요?

나: ____________________.

(5)

가: 숙제 다 했어요?

나: 아니요, 지금 ____________________.

(6)

가: 여보세요, 왜 안 와요? 지금 어디에요?

나: 미안해요, 지금 ____________________.

조금만 기다려 주세요.

● V-기로 하다 (decide to do, promise to do)

동사에 붙어 결심하거나 정하거나 약속한 내용을 나타낸다. '-기로 하다' 앞에는 과거를 나타내는 '-았-' 을 쓸 수 없다.

'-기로 하다' is attached after a verb for expressing the subject's will, decision and attempts in the near future. In front of '-기로 하다', the past morpheme '-았-' cannot be used.

하다	하 + 기로 하다	하기로 하다
먹다	먹 + 기로 하다	먹기로 하다
살다	살 + 기로 하다	살기로 하다

저는 올해 운전면허 시험을 **보기로 했어요.**

저는 이번 봄부터 꼭 아침마다 운동을 **하기로 했어요.**

저는 새해에 담배를 **끊기로 했어요.**

가: 일요일에 등산 갈 약속을 정했어요?

나: 네, 정했어요.

가: 언제 어디에서 **만나기로 했어요?**

나: 아침 7시에 학교 앞 정류장에서 **만나기로 했어요.**

가: 우리는 어제 선생님이랑 시험 날짜를 정했어요.

나: 언제 시험을 **보기로 했어요?**

가: 다음주 목요일에 **보기로 했어요.**

나: 몇 시에 **시작하기로 했어요?**

가: 10시 10분에 **시작하기로 했어요.** 늦으면 안 돼요.

● 연습해 봅시다.

1. 여러분의 목표를 쓰고 '-기로 하다'를 사용하여 문장을 만드세요.

나의 목표

1. 방학 동안 2급 단어 모두 외우기
2. 한국에서 혼자 여행 해보기
3. 밤 9시 이후에 안 먹기
4. ______________________
5. ______________________
6. ______________________

(1) 저는 이번 방학에 2급 단어를 모두 외우기로 했어요.

(2) 한국에서 혼자 ______________________________.

(3) ______________________________.

(4) ______________________________.

(5) ______________________________.

(6) ______________________________.

2. 다음 정한 약속 내용을 '-기로 하다'를 사용하여 대화를 만드세요.

〈수진 씨와 준하 씨가 약속을 정했습니다〉

약속 날짜	내일 8월 17일	약속 장소	학교 은행 앞
약속 시간	오후 5시	만나서 할 일	영화 보기

민준 수진 씨, 내일 시간 있어요? 뮤지컬 표가 있는데….

수진 미안해요, 내일은 약속이 있어요. 준하 씨를 만나기로 했어요.

민준 그래요? 몇 시에 만나기로 했어요?

수진 ______________________________.

민준 어디에서 만나 ______________________________?

수진 ______________________________.

민준 같이 저녁 먹기로 했어요?

수진 아니요, 같이 ______________________________.

민준 그럼 우리 준하 씨까지 셋이서 뮤지컬을 보러 가는 게 어때요?

수진 그것도 좋겠네요. 그럼 제가 준하 씨한테 전화해 볼게요.

새단어 _New Words

운전 면허 시험	driver's license exam
새해	new year
날짜	date
외우다	to memorize
뮤지컬	musical

● V-자마자 (as soon as)

동사에 붙어 어떤 상황에 곧바로 또 다른 상황이 있음을 나타낸다.

'-자마자' attaches to a verb stem to express a sequential occurring action. This marker indicates the action which immediately follows an action which previously happened to the preceding clause.

가다	가 + 자마자	가자마자
먹다	먹 + 자마자	먹자마자
팔다	팔 + 자마자	팔자마자

저는 항상 **일어나자마자** 방 창문을 열어요.

그 남자는 공항에 **도착하자마자** 애인한테 전화를 했어요.

저는 어제 저녁을 **먹자마자** 침대에 누웠어요.

우리 언니는 졸업을 **하자마자** 결혼을 할 거예요.

● 연습해 봅시다.

1. '-자마자'를 사용하여 문장을 만드세요.

(1) (아침을 먹다 → 이를 닦다)

가: 둘째 아이가 이를 닦았어요?

나: 네, 아침을 먹자마자 이를 닦았어요 .

(2) (수업이 끝나다 → 아르바이트를 하러 가다)

가: 오늘 수업 후에 할 일 있어요?

나: 네, ______________________.

(3) (자리에 앉다 → 졸다)

가: 요즘 일이 많아서 많이 피곤하지요?

나: 네, 그래서 오늘 아침 지하철에서도 ______________________.

(4) (선물을 받다 → 풀어 보다)

가: 언니한테 받은 선물을 풀어 봤어요?

나: 그럼요, ______________________________.

(5) (컴퓨터를 켜다 → 이상한 소리가 나다)

가: 컴퓨터가 고장났어요? 언제부터 이런 소리가 났어요?

나: ______________________________.

(6) (비가 그치다 → 떠나다)

가: 우리 언제 떠날까요?

나: ______________________________.

2. 다음 그림을 보고 '-자마자'로 이야기를 완성하세요.

저는 12시 비행기를 타야 했어요. 그런데 늦잠을 자서 아침 9시에 일어났어요. 저는 일어나자마자 세수를 했어요. 그리고 세수를 하자마자 ______________

____

____

____

3. 친구와 이야기해 보세요.

(1) 집에 가자마자 뭐 해요?

(2) 대학교를 졸업하자마자 뭐 하고 싶어요?

(3) 아침에 일어나자마자 뭐 해요?

(4) 오늘 학교에 오자마자 뭐 했어요?

(5) 고향에 가자마자 뭐하고 싶어요?

새단어 _New Words

졸다	to doze, snooze
풀어 보다	to open
떠나다	to leave
소리가 나다	to make a pop sound
그치다	to stop

활동 Task

Talk

● 두 사람이 이야기하세요.

친구와 같이 만날 약속을 정해 보세요. 약속을 정할 때 어떤 말을 합니까? 같이 보고 말해 봅시다.

언제 만날래요? 언제 만날까요? 언제가 좋아요? 언제가 편해요?
언제 시간 있어요? 언제 시간이 괜찮아요?

뭐 할래요? 뭐 할까요? 특별히 하고 싶은 거 있어요? 뭐 하면 좋을까요?
같이 (놀이공원)에 가는 게 어때요? (놀이공원) 좋아하면 같이 갈래요?
(놀이공원)에 가지 말고 (인사동)에 가는 게 어때요?

나와 친구의 약속

날짜	
시간	
장소	
할 일	

▶ 옆에 있는 학생이 정한 약속을 물어 보세요.

옆에 있는 친구의 약속

언제 만나기로 했어요?
뭐 하기로 했어요?
…

날짜	
시간	
장소	
할 일	

Listen

- 듣고 질문에 답하세요. Track 44

1. 들은 이야기와 맞으면 O, 틀리면 X 하세요.

(1) 내일 수업 시간에 영화를 보기로 했어요. ☐

(2) 내일 같이 사진을 찍기로 했어요. ☐

(3) 내일 학생들이 간식을 가져오기로 했어요. ☐

(4) 점심 메뉴를 내일 정하기로 했어요. ☐

2. 데이비드 씨가 오늘 결석한 학생에게 전화를 합니다. 대화를 만들어 보세요.

데이비드	여보세요. 유키 씨, 오늘 왜 결석을 했어요? 오늘 우리는 내일 할 일에 대해서 이야기를 했어요.
유키	몸이 아파서 못 갔어요. 그런데 내일 뭐 하기로 했어요?
데이비드	드라마를 ______________________________.
유키	재미있겠네요. 내일 파티를 해요? 음식을 가져가야 돼요?

데이비드	아니요, ______________________________.
유키	그렇군요. 뭐 먹기로 했어요?
데이비드	______________________________.
	아, 그리고 내일 사진을 ____________________.
유키	그럼 저도 카메라를 가져갈게요. 전화해 줘서 고마워요.

새단어 _New Words

학기	semester
간식	snack
드라마	drama
가져오다	to bring
결석하다	to be absent

Read

● 읽고 쓰세요.

약속은 언제나 어디에서나 누구에게나 중요한 것입니다. 그래서 아마 세계 모든 나라에는 약속에 대한 속담이나 격언 등이 있을 것입니다. 한국에도 약속의 중요함을 알려 주는 말이 많이 있습니다. 그 중에서도 '남아일언중천금' 이라는 말은 약속의 중요함을 잘 알려 주는 말입니다. '남아일언중천금(男兒一言重千金)' 은 '남자의 한 마디 말은 천금처럼 무겁다' 라는 의미입니다. 즉 '남자가 한 번 약속한 것은 반드시 지켜야 한다' 는 의미로 약속의 중요함을 잘 보여 주고 있습니다.

여러분은 약속을 잘 지키는 사람입니까? 한 번 약속한 것을 잊어버려 봤습니까? 또는 약속한 것을 중요하지 않게 생각해 봤습니까? 아마 모든 사람들이 이런 경험이 있을 것입니다. 하지만 자주 약속을 지키지 않는 사람은 다른 사람에게 신뢰를 받을 수 없습니다. 사람들은 약속을 안 지키는 사람을 신뢰하지 않습니다. 우리 생활에서 '신뢰' 는 매우 중요한 것입니다. 그러므로 여자, 남자 모두 '남아일언중천금' 처럼 약속을 하면 꼭 지켜야 합니다.

1. '남아일언중천금'은 무슨 의미입니까?

____

2. 사람들은 어떤 사람을 신뢰합니까?

____

새단어 _New Words

세계	world
속담	proverb
격언	saying
금	gold
약속을 지키다	to keep a promise
신뢰	trust

Write

● 쓰세요.

여러분은 약속을 하고나서 지키지 않은 경험이 있습니까? 언제 누구와 어떤 약속을 하고 지키지 않았습니까? 그 이유는 무엇입니까? '-기로 하다'를 사용하여 써 봅시다.

____

____

____

____

____

____

____

문화 Cultural Notes

믿어서는 안 되는 한국인의 빈말들

여러분은 '빈말' 이라는 표현을 아세요? 빈말이란 속마음과 달리 실속 없이 하는 말을 말합니다. 한국 사람들은 이러한 빈말을 자주 사용하는 편입니다. 예를 들어 '밥 한번 먹자' 라는 말은 진짜 밥을 먹자는 뜻이 아닙니다. 나중에 한 번 보자, 즉 다음에 또 만날 때 보자는 뜻으로 '안녕' 과도 같은 뜻입니다. 비슷한 말로는 '식사 한 번 해요', '술 한 잔 해요', '차나 한 잔해요.' 등이 있습니다. 이러한 빈말은 인사일 뿐이지 진짜로 하는 말은 아닙니다. 이러한 빈말은 사고방식의 차이 때문에 생기는 일이라고 생각하고 한국 사람과 진짜 약속을 하려면 그 자리에서 시간과 장소를 정해야 합니다. '어디 가요?', '밥 먹었어요?' 라는 인사들도 한국 사람들이 많이 사용하는 빈말의 일종입니다.

Do you recognize the expression 'small talk'? There are several popular expressions for small talk. For example, 'why don't we have lunch or dinner together?' 'Let's meet next time.' 'Why don't we have tea together, next time?' 'Why don't we have a drink together, next time?' If you did not make an appointment with him/her while you were having these kinds of conversations, this usually implied simple greetings in Korea. Where are you going? 'Did you eat?' These are also used as greeting expressions like 'hello' in Korea.

LESSON 12

일상생활

Daily Life

Goals

학습목표

자신의 일상생활에 대해 이야기할 수 있다.
일기의 문체를 알고 일기를 쓸 수 있다.

문법

V-다(가) (does and then)
V-(으)면서(while ; at the very same time)
'ㄷ' 불규칙 (irregular 'ㄷ')
반말 '-다' (ending form of familiar style)

활동

자신의 일상생활에 대해 말하기
일기쓰기

늦어서 밥을 먹다가 학교에 왔어요

Listen Track 45

베라　아~ 배고파.

유리　아침 못 먹었어요?

베라　아침에 늦어서 밥을 먹다가 학교에 왔어요.
수업 시간에 계속 배가 고팠어요.

유리　그럼 카페테리아에 가서 샌드위치나 김밥을 먹을까요?

베라　좋아요! 그런데 카페테리아에 가면 기다리는 줄이 항상 길어요.
괜찮을까요?

유리　제가 화장실 갈 때 봤는데 그때는 사람이 별로 없었어요.

베라　그럼 빨리 갑시다.

새단어 _New Words

카페테리아	cafeteria	줄	line

음악을 들으면서 한국어 단어를 외워요

Listen Track 46

데이비드	호나우두 씨는 항상 1등으로 학교에 오네요. 집이 가까워요?
호나우두	아니에요. 집에서 학교까지 지하철로 1시간 정도 걸려요.
데이비드	그래요? 호나우두 씨는 정말 부지런하네요. 저는 기숙사에 살아서 걸어오지만, 가끔 지각할 때가 있어요.
호나우두	가까워서 천천히 준비하니까 그럴 거예요.
데이비드	그런데 지하철을 1시간이나 타면 지루하겠어요.
호나우두	아니에요. 음악을 들으면서 한국어 단어를 외워요. 가끔 숙제도 해요.
데이비드	아~ 그래서 호나우두 씨가 단어를 많이 알고 있군요. 저도 먼 곳으로 이사를 갈까요?

새단어 _New Words

1등	first prize	기숙사	dorm	외우다	to memorize
부지런하다	to be diligent	지루하다	to be boring	지각하다	to be late

'간다, 먹는다'는 신문 기사에서 쓰는 반말이에요

Listen

Track 47

김지선	뭐 하고 있어요?
데이비드	커피 마시면서 신문을 보고 있었어요.
김지선	와~ 데이비드 씨, 한국 신문도 읽을 수 있어요?
데이비드	읽을 수 있지만 이해할 수 없어요. 그래서 항상 읽다가 그만두어요.
김지선	신문은 어려운 단어가 많기 때문에 2급 학생에게 어려워요.
데이비드	맞아요. 단어가 너무 어려워요. 그리고 이상한 게 있어요. 신문은 '가요, 추워요. 먹어요'가 아니라 '간다, 춥다, 먹는다'로 끝나요.
김지선	아… 그건 신문 기사나 일기에서 쓰는 반말이에요.
데이비드	그렇군요. 알려줘서 고마워요.

새단어 _New Words

이해하다	to understand	기사	article
그만두다	to stop	반말	crude language

문법 Grammar Focus

● V-다(가) (does and then)

어떤 행위가 끝나지 않고 다른 행동을 할 때 사용한다.

This pattern indicates an action that is underway or changes over to some other action or state.

가: 이 근처에서 제일 가까운 지하철 역이 어디에 있어요?

나: 곧장 **가다가** 사거리에서 왼쪽으로 가세요.

가: 어제 빌린 영화 다 봤어요?

나: 아니요, 재미없어서 **보다가** 잤어요.

가: 왜 다리를 다쳤어요?

나: 주말에 스케이트를 **타다가** 넘어졌어요.

● 연습해 봅시다.

1. 알맞은 것을 연결하고 '-다가'를 사용하여 문장을 만드세요.

어렸을 때 피아노를 배우다 •	• 지난달에 헤어지다
학교에 오다 •	• 허리를 다치다
남자친구랑 6개월 동안 사귀다 •	• 그치다
볼링을 치다 •	• 그만두다
비가 오다 •	• 길에서 넘어지다
DVD를 보다 •	• 재미없어서 끄다

(1) 어렸을 때 피아노를 배우다가 그만두었어요 .

(2) ______________________________ .

(3) ______________________________ .

(4) ______________________________ .

(5) ______________________________ .

(6) ______________________________ .

2. '-다가'를 사용하여 문장을 만드세요.

(1)  → 코트를 입다가 벗었어요 .

(2)  → ______________________________ .

(3)  → ______________________________ .

(4) 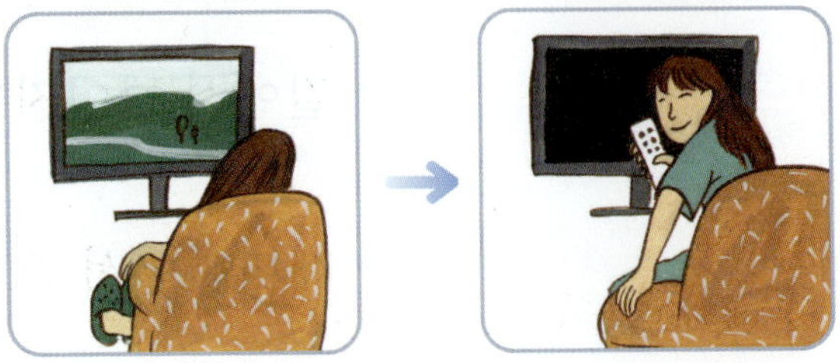 → ______________________________ .

(5)  → ______________________.

3. '-다가'를 사용하여 문장을 만드세요.

(1) 가: 어젯밤에 숙제를 다 했어요?

나: 아니요, ______________________.

(2) 가: 태어났을 때부터 지금까지 계속 서울에 살았어요?

나: 아니요, ______________________.

(3) 가: 뭐 하다가 다리를 다쳤어요?

나: ______________________.

(4) 가: 여기에서 은행에 어떻게 가요?

나: ______________________.

(5) 가: 뭐 하다가 전화를 늦게 받았어요?

나: ______________________.

새 단어 _New Words

사귀다	to date with
헤어지다	to break up
벗다	to take off
코트	coat
다치다	to be hurt
그치다	to stop
태어나다	to be born

● V-(으)면서 (while; at the very same time)

어떤 동작을 하면서 동시에 다른 동작을 할 때 사용한다.

It is attached after a verb stem indicating two actions occurring simultaneously.

가다	가 + 면서	가면서
먹다	먹 + 으면서	먹으면서
만들다	만들 + 으면서 → 만들 + 면서	만들면서
듣다*	듣 + 으면서 → 들 + 으면서	들으면서
줍다*	줍 + 으면서 → 주우 + 면서	주우면서

저는 팝콘을 **먹으면서** 영화 보는 것을 좋아해요.

저는 대학교 때 아르바이트를 **하면서** 학교에 다녔습니다.

케이크를 **만들면서** TV를 봤어요.

음악을 **들으면서** 걸어가면 위험해요.

떨어진 물건들을 **주우면서** 이야기를 했어요.

● 연습해 봅시다.

1. '-으면서'를 사용하여 문장을 만드세요.

(1) 밥을 먹다 + 이야기하다

→ 밥을 먹으면서 이야기했어요.

(2) 노래를 부르다 + 춤을 추다

→ ______________________.

(3) 이를 닦다 + 거울을 보다

→ ______________________.

(4) 운전을 하다 + 전화하다

→ ______________________.

(5) 돈을 벌다 + 공부를 하다

→ ______________________.

(6) 사전을 찾다 + 숙제를 하다

→ ______________________.

(7) 길을 걷다 + 커피를 마시다

→ ______________________.

(8) 부모님 일을 돕다 + 학교에 다니다

→ ______________________.

2. '-으면서'를 사용하여 문장을 만드세요.

(1)

가: 어제 저녁에 뭐 했어요?

나: 친구들과 이야기하면서 저녁을 먹었어요 ________.

(2)

가: 집에 혼자 있을 때 보통 뭐 해요?

나: ________________.

(3)

가: 언니는 지금 뭐 하세요?

나: ________________.

(4)

가: 뭐 하면서 기다릴까요?

나: 여기에서 ________________.

(5)

가: 이 남자는 뭐하고 있어요?

나: ________________.

3. 친구와 이야기해 보세요.

(1) 걸어가면서 음료수를 마시는 것을 좋아하세요?

(2) 보통 공부하면서 음악을 들어요?

(3) 한국에서 아르바이트를 하면서 한국어 공부를 하고 있어요?

(4) 남자(여자) 친구를 사귀면서 다른 남자(여자)와 데이트 해 봤어요?

(5) 운전하면서 전화를 해도 돼요?

새단어 _New Words	
줍다	to pick up
돈을 벌다	to earn money
데이트하다	to date with

● 'ㄷ' 불규칙 (irregular 'ㄷ')

동사의 어간이 'ㄷ' 으로 끝나는 몇 개의 동사가 모음 앞에서 받침 'ㄷ' 이 'ㄹ' 로 변화한다. 예를 들면 '걷다' 는 '걸어' 로, '듣다' 는 '들어' 로 바뀐다.

With several verbs that end in the consonant 'ㄷ', the 'ㄷ' of the stem is changed to 'ㄹ' in front of the vowel ending. For example, '걷다' is changed to '걸어' and '듣다' is changed to '들어'.

	-아/어/여요	-(으)면서	-고	-(스)ㅂ니다
듣다	들어요	들으면서	듣고	듣습니다
걷다				
묻다				
싣다				
믿다	믿어요	믿으면서	믿고	믿습니다
닫다				
묻다				

● 연습해 봅시다.

(1) 가: 여기까지 어떻게 오셨어요? 차로 오셨어요?

나: 아니요, (걷다) ____________________.

(2) 가: 제 짐이 어디에 있어요?

나: 짐들을 모두 차에 (싣다) ________________.

(3) 가: 모르는 것이 있으면 누구에게 말해야 해요?

나: 저도 잘 모르겠어요. 다른 사람한테 (묻다) ________________.

(4) 가: 어제 우리 개가 죽었어요. 그래서 땅에 (묻다) ________________.

● 반말 '-다' (ending form of familiar style)

주로 신문, 일기, 보고서 등의 글에 문장을 기술할 때 평서형 종결어미로 쓰인다.

It is the ending form of a declarative sentence in familiar style used for newspapers, diaries or reports.

현재		과거	
N이다	책이다	N이었다	책이었다
	여자다	N였다	여자였다
N이/가 아니다	여자가 아니다	N이/가 아니었다	학생이 아니었다

존댓말	반말
저	나
제	내
저희	우리
당신	너

오늘은 **토요일이다.**

여기는 **숙명여대이다.**

그 사람은 **학생이 아니다.**

어제는 내 **생일이었다.**

제일 비싼 과일은 **사과였다.**

● 연습해 봅시다.

1. '-이다', '-이/가 아니다'를 사용하여 문장을 만드세요.

(1) 마이클은 제 친구예요

→ 마이클은 내 친구이다 .

(2) 지금은 12시입니다

→ ____________________.

(3) 제가 한 것이 아닙니다

→ ____________________.

(4) 제 책이에요

→ ____________________.

(5) 제가 좋아하는 날씨예요

→ ____________________.

(6) 어제는 휴일이 아니었어요

→ ____________________.

(7) 저도 숙명여대 학생이었어요

→ ____________________.

현재		과거	
	높다		높았다
A-다	예쁘다	A-았/었/였다	예뻤다
	깨끗하다		깨끗했다

그 여자는 웃는 모습이 **예쁘다.**

숙명여대는 청파동에 **있다.**

한국어는 어렵지만 **재미있다.**

서울의 지하철은 **편리하다.**

지난주에 아주 **바빴다.**

오늘 하루는 많이 **힘들었다.**

어제는 날씨가 **추웠다.**

2. '-다' 를 사용하여 문장을 만드세요.

(1) 오늘은 피곤해요.

→ 오늘은 피곤하다 .

(2) 날씨가 좋아서 기분이 좋습니다.

→ ________________ .

(3) 열이 나고 머리가 아파요.

→ ________________ .

(4) 서울은 깨끗해요.

→ ________________ .

(5) 아기가 귀엽습니다.

→ ________________ .

(6) 우리 반에는 여학생이 많아요.

→ ________________ .

(7) 밖이 많이 어두웠어요.

→ ______________________________.

(8) 중간시험이 어려웠어요.

→ ______________________________.

(9) 아침을 못 먹어서 배가 고팠어요.

→ ______________________________.

<table>
<tr><th colspan="2">현재</th><th colspan="2">과거</th></tr>
<tr><td rowspan="2">V-ㄴ다</td><td>간다</td><td rowspan="3">V-았/었/였다</td><td>갔다</td></tr>
<tr><td>먹는다</td><td>먹었다</td></tr>
<tr><td>V-는다</td><td>열다* → 연다</td><td>열었다</td></tr>
</table>

3. '-ㄴ다/는다', '-았/었/였다'를 사용하여 문장을 만드세요.

(1) 학생들이 공부를 열심히 해요.

→ 학생들이 공부를 열심히 한다.

(2) 1시에 밥을 먹습니다.

→ ______________________________.

(3) 매일 한국 뉴스를 들어요.

→ ______________________________.

(4) 생일마다 큰 선물을 받아요.

→ ______________________________.

(5) 저는 밤에 숙제를 해요.

→ ______________________________.

(6) 지금 밖에 바람이 많이 불어요.

→ ______________________________.

(7) 그 식당은 10시에 문을 엽니다.

→ ______________________________.

(8) 저는 운전을 할 줄 알아요.

→ ______________________________.

(9) 친구 숙제를 도와주었어요.

→ ______________________________.

(10) 어젯밤에 비가 많이 왔어요.

→ ______________________________.

(11) 저희 언니는 매일 일기를 썼어요.

→ ______________________________.

4. 다음을 반말로 바꾸세요.

20××년 8월 19일

오늘 친구 지현이의 결혼식이 있었습니다. 그 친구는 저와 제일 친한 친구입니다. 저는 다른 친구들과 함께 신랑 신부가 탈 차를 장식했습니다. 예쁜 꽃과 리본으로 장식한 웨딩카는 아주 예뻤습니다.

신부 지현이는 아름다웠습니다. 신랑도 멋있었습니다. 부모님들은 결혼식을 보시면서 조금 우셨습니다. 저도 눈물이 나왔습니다. 두 사람은 내일 하와이로 신혼여행을 갑니다.

지현이의 결혼 생활이 행복했으면 좋겠습니다. 오늘 저도 많이 피곤합니다. 빨리 자고 싶습니다.

⬇

20××년 8월 19일

오늘 친구 지현이의 결혼식이 있었다. 그 친구는 ______ 제일 친한 ______ ______. 다른 친구들과 함께 신랑 신부가 탈 차를 ______. 예쁜 꽃과 리본으로 장식한 웨딩카는 아주 ______.

신부 지현이는 ______. 신랑도 ______. 부모님들은 결혼식을 보시면서 조금 ______. ______ 눈물이 ______. 두 사람은 내일 하와이로 신혼여행을 ______.

지현이의 결혼 생활이 행복했으면 ______. 오늘 나도 많이 ______. 빨리 자고 ______.

새단어 _New Words

휴일	holiday
친하다	to be intimate
신랑	gloom
신부	bride
장식하다	to decorate
리본	ribbon
웨딩카	wedding car
하와이	Hawaii
신혼여행	honey moon trip

활동 Task

Talk

- 이야기해 보세요.

1. 아래에 여러 가지 동사들이 있습니다. 같이 할 수 있는 동사들은 어떤 것이 있습니까? 친구들과 같이 찾고 문장을 만들어 보세요.

이를 닦다	회사에 다니다	노래를 부르다	한국어 공부를 하다
샤워하다	운전하다	저녁 준비를 하다	친구를 기다리다
청소를 하다	스트레칭을 하다	외국어를 배우다	문자 메시지를 보내다

- 청소를 하면서 노래를 불러요 .
- ______________________ .
- ______________________ .
- ______________________ .

2. '-(으)면서'를 이용하여 문장을 만들어 보세요. 그리고 친구들 앞에서 그 문장을 동작으로 보여 주세요. 그럼 친구들은 동작을 보고 그 문장을 알아맞혀 봅시다.

- 춤을 추면서 노래를 해요 .
- ______________________ .
- ______________________ .
- ______________________ .

새단어 _New Words

스트레칭	stretching
문자 메시지	text message

Listen

● 듣고 질문에 답하세요. Track 48

1. 요즘 날씨는 어때요?

2. 이 사람은 오늘 왜 길에서 깜짝 놀랐어요?

3. 이 사람은 오늘 어떤 실수를 했어요?

4. 들은 이야기와 맞으면 O, 틀리면 X 하세요.

(1) 두 사람은 지난 학기에 같은 반 친구였어요. ☐

(2) 우연히 친구를 만나서 친구에게 미안했어요. ☐

(3) 나는 친구 가방에 커피를 흘렸어요. ☐

새단어 _New Words

어서	quickly, promptly
습하다	to be humid
돌아보다	to look back, to think back
치다	to hit
흘리다	to spill
생기다	to be formed, to happen
우연히	by chance

Read

● 읽고 쓰세요.

숙명여대 어학당, 외국 학생들의 일상생활

숙명여대 어학당에는 많은 외국 학생들이 있다. 학생들은 매일 9시부터 1시까지 어학당에서 공부를 한다. 수업이 끝난 후에는 점심을 먹는다. 기숙사에 사는 학생들은 기숙사에 간다. 그렇지만 대부분의 학생들은 식당에서 점심을 사 먹는다. 점심 식사를 마치고, 도서관에서 공부하거나 언어교환 학생을 만나서 숙제를 한다. 주말에는 보통 집에서 공부를 하거나 서울 시내 구경을 한다. 서울은 물가가 조금 비싸다. 그렇지만 돈을 많이 안 쓰고 구경을 할 수 있는 곳이 많다.

어학당에서 공부를 하다가 고향에 돌아가는 학생도 있지만, 많은 학생들이 1급부터 6급까지 공부를 한다. 외국 학생들이 한국에서 한국어 공부도 하면서 좋은 추억을 많이 만들면 좋겠다.

숙대신보 ○○○ 기자

1. 이 글의 종류는 무엇입니까?

① 일기　　② 신문기사　　③ 보고서　　④ 편지

2. 다음 중 숙명여대 어학당 학생들의 일상생활이 아닌 것은 어떤 것입니까?

①

②

③ 

④ 

3. 다음 중 읽은 내용과 다른 것을 고르십시오.

① 어학당에는 많은 학생이 있다.

② 학생들은 모두 다 1급부터 6급까지 공부한다.

③ 학생들은 주중에 9시부터 1시까지 한국어 공부를 한다.

④ 학생들은 주말에 집에서 공부를 하거나 서울 시내 구경을 한다.

새단어 _New Words

어학당	language institute	시내	downtown
일상생활	daily life	기자	news reporter
넘다	to exceed, overflow	추억	memory
마치다	to finish	신문기사	newspaper article
언어교환	exchanging language	보고서	report

Write

● 쓰세요.

일기를 쓰고 싶은 하루를 정하세요. 그리고 반말을 사용하여 일기를 써 보세요.

년 월 일

문화 Cultural Notes

꿈

한국인들은 종종 꿈에 나타난 일을 미래와 관련지어 풀이합니다. 꿈을 풀이하는 일을 '해몽'이라고 합니다. 돼지가 나오는 꿈은 돈이 들어오는 꿈이라고 하여 아주 좋은 꿈이라고 생각합니다. 또 신이나 죽은 사람이 나오거나 대통령 등 높은 자리에 있는 사람이 나오는 꿈도 좋은 꿈입니다. 불이나 대소변이 나오는 꿈 또한 좋은 꿈입니다. 그러나 이가 빠지는 꿈은 안 좋은 꿈입니다. 한편 '태몽'은 임신을 하게 될 것이라고 알려주는 꿈입니다. 태어날 아이의 외모, 성격, 장래와 관련된 내용을 암시하는 경우가 많으며, 보통 아이를 가진 여자가 태몽을 꾸지만 남편, 시부모, 친정부모 등이 태몽을 꾸는 경우도 있습니다. 또한 태몽의 종류에 따라 아이의 성별을 점치기도 합니다. 태몽의 종류는 아주 많고 다양하지만 보통 감자나 고구마를 보는 꿈, 커다란 붕어를 안고 있는 꿈, 뱀이나 구렁이, 호랑이가 나오는 꿈 등은 아들을 낳는 꿈이고 꽃을 꺾는 꿈이나 예쁜 구슬이 나오는 꿈, 용이 나오는 꿈 등은 딸을 낳는 꿈이라고 합니다.

Koreans interpret dreams with a connection to the future. When you see a pig in your dream, this predicts that you will get fortunes or money in the near future. If you see a god or a person who is already dead, it indicates good luck. When you see a fire, urine or feces, it is also treated as a good dream for Koreans. But if your tooth comes out in a dream, it predicts bad things will happen. There are special dreams which indicate pregnancy. This dream implies a baby's appearance or character. Relatives have a special dream for predicting a pregnancy. There are various kinds of precognitive dreams about the birth of a child. In a dream, if you see potatoes or sweet potatoes, a big snake, or tiger, there is a chance to have a baby boy. If you see a dragon, pretty marbles or flowers, there is a chance to have a baby girl.

부록

Appendix

불규칙 활용

대화 영문 번역

듣기지문

불규칙 활용

('ㄷ' 불규칙)

걷다	걸어요	걸었어요	걷습니다	걸었습니다	걸으세요	걸으셨어요
닫다	닫아요	닫았어요	닫습니다	닫았습니다	닫으세요	닫으셨어요
듣다	들어요	들었어요	듣습니다	들었습니다	들으세요	들으셨어요
묻다	물어요	물었어요	묻습니다	물었습니다	물으세요	물으셨어요

('ㄹ' 불규칙)

걸다	걸어요	걸었어요	겁니다	걸었습니다	거세요	거셨어요
놀다	놀아요	놀았어요	놉니다	놀았습니다	노세요	노셨어요
들다	들어요	들었어요	듭니다	들었습니다	드세요	드셨어요
만들다	만들어요	만들었어요	만듭니다	만들었습니다	만드세요	만드셨어요
밀다	밀어요	밀었어요	밉니다	밀었습니다	미세요	미셨어요
살다	살아요	살았어요	삽니다	살았습니다	사세요	사셨어요
알다	알아요	알았어요	압니다	알았습니다	아세요	아셨어요
열다	열어요	열었어요	엽니다	열었습니다	여세요	여셨어요
벌다	벌어요	벌었어요	법니다	벌었습니다	버세요	버셧어요
불다	불어요	불었어요	붑니다	불었습니다	부세요	부셨어요
울다	울어요	울었어요	웁니다	울었습니다	우세요	우셨어요
팔다	팔아요	팔았어요	팝니다	팔았습니다	파세요	파셨습니다
길다	길어요	길었어요	깁니다	길었습니다	기세요	기셨습니다
달다	달아요	달았어요	답니다	달았습니다	다세요	다셨습니다
멀다	멀어요	멀었어요	멉니다	멀었습니다	머세요	머셨습니다
힘들다	힘들어요	힘들었어요	힘듭니다	힘들었습니다	힘드세요	힘드셨습니다

('르' 불규칙)

모르다	몰라요	몰랐어요	모릅니다	몰랐습니다	모르세요	모르셨어요
바르다	발라요	발랐어요	바릅니다	발랐습니다	바르세요	바르셨어요
부르다	불러요	불렀어요	부릅니다	불렀습니다	부르세요	부르셨어요
서두르다	서둘러요	서둘렀어요	서둡니다	서둘렀습니다	서두르세요	서두르셨어요
오르다	올라요	올랐어요	오릅니다	올랐습니다	오르세요	오르셨어요
다르다	달라요	달랐어요	다릅니다	달랐습니다	다르세요	다르셨어요
빠르다	빨라요	빨랐어요	빠릅니다	빨랐습니다	빠르세요	빠르셨어요

('으' 불규칙)

고프다	고파요	고팠어요	고픕니다	고팠습니다	고프세요	고프셨어요
기쁘다	기뻐요	기뻤어요	기쁩니다	기뻤습니다	기쁘세요	기쁘셨어요
나쁘다	나빠요	나빴어요	나쁩니다	나빴습니다	나쁘세요	나쁘셨어요
배고프다	배고파요	배고팠어요	배고픕니다	배고팠습니다	배고프세요/ *시장하세요	배고프셨어요/ *시장하셨어요
슬프다	슬퍼요	슬펐어요	슬픕니다	슬펐습니다	슬프세요	슬프셨어요
아프다	아파요	아팠어요	아픕니다	아팠습니다	아프세요	아프셨어요
예쁘다	예뻐요	예뻤어요	예쁩니다	예뻤습니다	예쁘세요	예쁘셨어요
크다	커요	컸어요	큽니다	컸습니다	크세요	크셨어요
쓰다	써요	썼어요	씁니다	썼습니다	쓰세요	쓰셨어요
바쁘다	바빠요	바빴어요	바쁩니다	바빴습니다	바쁘세요	바쁘셨어요

('ㅂ' 불규칙)

가깝다	가까워요	가까웠어요	가깝습니다	가까웠습니다	가까우세요	가까우셨어요
가볍다	가벼워요	가벼웠어요	가볍습니다	가벼웠습니다	가벼우세요	가벼우셨어요
고맙다	고마워요	고마웠어요	고맙습니다	고마웠습니다	고마우세요	고마우셨어요
귀엽다	귀여워요	귀여웠어요	귀엽습니다	귀여웠습니다	귀여우세요	귀여우셨어요
더럽다	더러워요	더러웠어요	더럽습니다	더러웠습니다	더러우세요	더러우셨어요
덥다	더워요	더웠어요	덥습니다	더웠습니다	더우세요	더우셨어요
두껍다	두꺼워요	두꺼웠어요	두껍습니다	두꺼웠습니다	두꺼우세요	두꺼우셨어요
뜨겁다	뜨거워요	뜨거웠어요	뜨겁습니다	뜨거웠습니다	뜨거우세요	뜨거우셨어요
맵다	매워요	매웠어요	맵습니다	매웠습니다	매우세요	매우셨어요
무겁다	무거워요	무거웠어요	무겁습니다	무거웠습니다	무거우세요	무거우셨어요
반갑다	반가워요	반가웠어요	반갑습니다	반가웠습니다	반가우세요	반가우셨어요
쉽다	쉬워요	쉬웠어요	쉽습니다	쉬웠습니다	쉬우세요	쉬우셨어요
싱겁다	싱거워요	싱거웠어요	싱겁습니다	싱거웠습니다	싱거우세요	싱거우셨어요
아름답다	아름다워요	아름다웠어요	아름답습니다	아름다웠습니다	아름다우세요	아름다우셨어요
어렵다	어려워요	어려웠어요	어렵습니다	어려웠습니다	어려우세요	어려우셨어요
어지럽다	어지러워요	어지러웠어요	어지럽습니다	어지러웠습니다	어지러우세요	어지러우셨어요
즐겁다	즐거워요	즐거웠어요	즐겁습니다	즐거웠습니다	즐거우세요	즐거우셨어요
춥다	추워요	추웠어요	춥습니다	추웠습니다	추우세요	추우셨어요
가렵다	가려워요	가려웠어요	가렵습니다	가려웠습니다	가려우세요	가려우셨어요
굽다	구워요	구웠어요	구웠습니다	구우셨습니다	구우세요	구우셨어요
돕다	도와요	도왔어요	도왔습니다	도우셨습니다	도우세요	도우셨어요
줍다	주워요	주웠어요	주웠습니다	주우셨습니다	주우세요	주우셨어요

(ㅅ 불규칙)

낫다	나아요	나았어요	나았습니다	나으셨습니다	나으세요	나으셨어요
짓다	지어요	지었어요	지었습니다	지으셨습니다	지으세요	지으셨어요
붓다	부어요	부었어요	부었습니다	부우셨습니다	부으세요	부으셨어요
잇다	이어요	이었어요	이었습니다	이으셨습니다	이으세요	이으셨어요

(기타)

그렇다	그래요	그랬어요	그렇습니다	그랬습니다	그러세요	그러셨어요
어떻다	어때요	어땠어요	어떻습니다	어땠습니다	어떠세요	어떠셨어요
이렇다	이래요	이랬어요	이렇습니다	이랬습니다	이러세요	이러셨어요

대화 영문 번역

• LESSON 01

대화 1

유키 Jiseon, Which movie do you want to see?
How about that movie?

김지선 Yes. It seems interesting.
But how about the movie next to it?

유키 A horror movie?
I really don't like horror movies.
Is the actor of that movie popular?

김지선 Yes, he is.
Many people like him.
You saw him often on TV, right?

유키 Yes. I saw him often through advertisements.

대화 2

이민호 What is your favorite food?

링링 I like Italian food.

이민호 (If you do) Do you like spaghetti, too?

링링 Sure. Do you have a favorite place for spaghetti?

이민호 Yes. I have a favorite place I often go. The price isn't expensive.

링링 You do? Where is it?

이민호 It's Sinchon. There is a bus from school to there.
Why don't we go there together today?

대화 3

데이비드 Hello, Yuki. What are you doing?

유키 I am doing homework.

데이비드 I am going to go to a baseball game with friends this evening. If you like baseball, why don't we go there together?

유키 Yes. I would like to go there with you.
Actually, I don't like to watch baseball games, but I like going to baseball parks.

데이비드 Why?

유키 I feel good when visiting baseball parks. And, I like eating delicious food in baseball parks.

데이비드 Ah... That sounds like an interesting hobby.

• LESSON 02

대화 1

유리 Hello, Vera. What are you doing?

베라 I am in a department store. I am trying to buy clothes to wear for the weekend.

유리 Do you have special plans this weekend?

베라 Yes. My friends will have a wedding ceremony this weekend, so I need to buy a formal gown.

유리 Wow! Get nice clothes.
Let's talk later on the phone.

베라 O.K. Please give me a call later around 9.

대화 2

링링 Who is this person wearing the red shirt?

이민호 That person is my brother.

링링 Who is this woman wearing glasses next to him?

이민호 She is my sister.

링링 Do you have two brothers and one sister?

이민호 No. I have one more family member.
I have an elder sister too.

링링 Is that so? Where is your elder sister?

이민호 She is next to my younger sister.
She's wearing a blue dress.

대화 3

김지선 Honawood, was the movie interesting you saw yesterday?

호나우두 Yes, it really was good.
The hero of the movie was so charming.

김지선 Is the main character of this movie a man?

호나우두 Yes. He has long hair.
He is tall and handsome.

김지선 How's the story?

호나우두 He receives a letter from an unknown person.
Then horrible things keep happening. Jiseon.
Why don't you watch the movie? If you hear

the story now, it will not be interesting.

김지선 Yes. I want to see it, too.

● LESSON 03

대화 1

데이비드 What are you looking at?

이민호 I am looking at the advertisement which is in the newspaper.

데이비드 An advertisement for a trip?

이민호 Yes. I plan to take a trip this coming weekend.

데이비드 Did you find a good place to go?

이민호 I'm thinking of going to a bamboo festival at DamYang.
Have you ever heard of the bamboo tree festival?

데이비드 Yes, I've heard from my friend.

대화 2

김지선 Have you ever been to Thailand?

유키 No, not yet. I am going to go there next year.
What is interesting in Thailand?

김지선 If you go to Thailand, you should try to ride an elephant and try to taste various foods. And try to get a massage. It's cheap and good.

유키 Is that so? I really want to go there.
How about the price?

김지선 It's not so expensive. The transportation is comfortable, too. If we have a chance, why don't we go there together?

유키 Really? I like it.

대화 3

이민호 Recently, the weather is so hot. I want to go on a summer vacation as fast as I can.

링링 Korean people prefer to go on summer vacation around the end of July or at the beginning of August

이민호 Right.

링링 Which place is good for a summer vacation?

이민호 I have been to Jungdongjin last year.
Jungdongjin is a good place, too.

링링 I have been there. How about another place?

민호 How about Busan? Visiting Busan is good, too.
I am thinking of going to Busan this coming summer vacation.

● LESSON 04

대화 1

유리 Vera, what do you usually do during the weekend?

베라 I watch TV or go shopping.
What do you do during the weekend?

유리 If I have a time, I go to a movie theater to watch a movie.

베라 You seem to like watching movies a lot.
When I was a university student, I went to movie theaters often to watch movies, too. I remember those days.

유리 How about watching a movie together this coming Saturday?

베라 Yes. I would like that.

대화 2

이민호 What's going on? You seem to be upset.

호나우두 Yes. I want to go home, but I can't so I am depressed.

이민호 If you are upset, don't stay alone. Why don't you come to an amusement park with me?

호나우두 I don't like to ride on moving objects.

이민호 Why don't we go to a Korean sauna if you prefer to go there?

호나우두 Yes. I like it. But I don't have a towel or toiletries.

이민호 It's OK. You can borrow them from the sauna.

대화 3

김지선 Lingling. You are yawning a lot.
Didn't you sleep well last night?

링링 I couldn't fall asleep until late so I only slept around 4 hours. I am really sleepy now.
Jiseon, when you can't sleep at night, what do you do?

김지선 I read a book that is boring or listen to soft music.

링링 If you do that, you can fall asleep easily?

김지선 Yes. It is so boring that I can fall asleep easily.

	Lingling, how do you get to sleep at night?
링링	I drink a glass of wine or hot tea before sleeping.
김지선	That's a good idea, too.

LESSON 05

대화 1

이민호	Lingling? Are you interested in teaching Chinese as a part time job?
링링	Yes, of course.
이민호	One of my friends wants to learn Chinese. May I introduce him to you?
링링	OK. Great. Thanks.
이민호	When are you available? Weekends or weekdays?
링링	I prefer weekdays rather than weekends.
이민호	Which place is better, a classroom or a coffee shop?
링링	I prefer a classroom than a coffee shop. A classroom is quieter than a coffee shop.

대화 2

아저씨	Welcome.
유키	Hello, sir. Are you looking for a part time worker?
아저씨	Yes. I put an advertisement in front of the door, but you are a foreign student. Can you speak Korean well?
유키	I'm sorry I am still not good at speaking Korean. Is it OK?
아저씨	If you want to work at this place, you'd better speak better Korean.
유키	Sir. If I can work here, I might be better at speaking Korean. Please, believe me.
아저씨	Ah... OK. Do you know the working hours and hourly wage?
유키	Yes, I do.
아저씨	Let's work together starting tomorrow. Don't be late for work.
유키	Of course. Thank you.

대화 3

이소영	Yuki. You seem tired today.
유키	Yes. I am tired because of my part time job.
이소영	If you want to be good at studying, you'd better not work too much.
유키	Yes, teacher. It will be better as time goes on.
이소영	In our class, there are several students who have part time jobs, right? How did you find a part time job?
데이비드	Friends suggest work or I search for it through advertisements.
이소영	I see. Having part time work is good for gaining experience, but don't nod off during class.

LESSON 06

대화 1

유키	How much pocket money do your parents give you?
링링	They give me around 450,000 won.
유키	You get only 450,000 won? That's a small amount of pocket money. Is it sufficient?
링링	Yes, but sometimes, it's insufficient.
김지선	Wow! Lingling! Do you get 450,000 won for pocket money? I envy you.
링링	Jiseon. How much pocket money do your parents give you?
김지선	I don't receive pocket money. I earn money by myself because I have a part time job. If your pocket money is not enough, why don't you get a part time job?

대화 2

김지선	Lingling, you are pretty and slim. You must feel good because you are perfect. I envy you.
링링	No. Actually I worry about my height.
김지선	Really? Are you worried because of your short height?
링링	I am a little bit shorter than my friends. I want to be 5cm taller.
김지선	I don't think you are short.
링링	Ha! Ha! No, I'm not. Actually I am wearing high-healed shoes, so people don't notice.
김지선	Really? How tall are you?
수연	It's a secret.

대화 3

이민호 Yuki, Today, the weather is so hot. Are you thirsty?

유키 Yes. I am thirsty. I want to drink a cold beverage.

이민호 If so, I will buy something to drink from the store.

유키 Right now? There is just 20 minutes left in the show.

이민호 It will be OK if I get back fast.

유키 I hope there is a store near here.

이민호 Ah, there are two stores over there. Yuki, what do you want to drink?

유키 I am OK for anything. We don't have much time, so get back fast.

LESSON 07

대화 1

베라 What is that? A stone?

김지선 Ha, ha. No. That one is Meju not a stone.

베라 Meju?

김지선 Yes. We can make soybean paste or soy sauce with Meju.

베라 What can you use to make Meju?

김지선 We can make Meju with beans. It is made of fermented beans.

베라 There are a lot of fermented foods in Korea.

김지선 You are right. Kimchi is also a fermented food.

대화 2

이민호 Mr. Laziv, do you know what this is?

라지브 Well. It seems like meat.

이민호 You are right. This is beef jerky. I bought it at the mart yesterday. Try this.

라지브 I am sorry. I don't eat beef.

이민호 Ah.

라지브 Do you know the reason why I don't eat a meat?

이민호 Are you a vegetarian?

라지브 No. I am not a vegetarian, but I am a Hindu. Hindu people in India do not eat beef.

대화 3

김지선 I hope there is a lot of snow this coming Christmas.

마이클 I want to see snow this coming Christmas. It's hard to see snow at Christmas.

김지선 Ah, Michael? Are you coming from Australia?

마이클 Yes. There are a lot of things which are opposite to Korea.

김지선 Such as?

마이클 In Australia, when turning on the light, the switch is lower. Is it opposite in Korea? And, the driver's seat is on the right side of a car, not on the left side.

김지선 Was it difficult for you to drive a car in Seoul at first?

마이클 Yes. It was difficult, but I am OK now.

LESSON 08

대화 1

링링 Why don't we clean up first?

유키 Yes. Good. Do you think these rooms are messy? It's already been a week since we cleaned them.

링링 Has one week passed already?

유키 Yes. Please open the window and vacuum. I will throw away the garbage and clean up the room.

<After cleaning up the room>

링링 Wow! The room is so clean. I feel good, too. If I have time tomorrow, I will organize clothes.

유키 Me, too. The weather is getting hot, so I have to organize my summer clothes.

대화 2

데이비드 I took care of a baby the whole day at my aunt's house yesterday. Taking care of a baby seems so hard.

김지선 You are right. David, did you take care of the baby alone?

데이비드 Yes. Both aunt and uncle went to Busan. I fed and cleaned the baby and put him to sleep.

김지선 Great! Which one was the most difficult for you?

데이비드 Feeding the baby was the most difficult. The baby does not eat well. He didn't eat very much.

대화 3

베라 Hello. I am here to pick up my clothes.

주인 Yes. What is your name? When did you bring

	your clothes to the laundry?
베라	Vera. About two weeks ago. They are white colored pants.
주인	That was a long time ago.
베라	I was very busy.
주인	I see. The dry cleaning fee is 7,000 won.
베라	OK. Here you go.

• LESSON 09

대화 1

데이비드	Wow, it's break time.
유키	David, why don't we get a beverage, together?
데이비드	OK.
	(In a coffee shop)
유키	David, What do you want to drink? I will buy today.
데이비드	Thanks. I want to drink ice chocolate tea.
유키	David, the weather is so hot. Why don't we ride on a cruise ship tonight? We can watch the night view.
데이비드	Wow, that seems refreshing and great. When and where are we going to meet?
유키	Why don't we meet at 7 in front of the school?
데이비드	I am sorry I have a part time job until 7. Why don't we meet at 7:30?
유키	OK.

대화 2

미용사	What kind of hair style do you want?
김지선	I want to keep my hair long. Please, just trim it.
미용사	You look nice with long hair, but you might look better with short hair.
김지선	Short hair?
미용사	Yes. Your face has a longer shape, so if you have long hair, your face will seem longer. If you have short hair, your face won't seem so long.
김지선	Ah, is that so? Do you think I should have short hair?
미용사	Yes, please try.
김지선	OK. Please do it, but don't cut the front hair too short.
미용사	Yes, I understand.

대화 3

호나우두	Wow, Jiseon. You cut your hair short. You look young. It suits you very well.
김지선	Thanks. Do you have a special event today? You look so delightful.
호나우두	Yes. Actually, my brother will come here from Brazil.
김지선	That's great. Are you going to go to the airport?
호나우두	Yes, my brother needs my help because this is his first visit to Korea.
김지선	Is that so? Does your brother resemble you?
호나우두	No, my brother looks better than me.
김지선	Really? If so, I want to meet him.
호나우두	Why don't you go to the airport with me? He will like it, too.
김지선	I'm sorry. I can't do that today. I have to do something. Let's have dinner together next time.

• LESSON 10

대화 1

유리	What are you going to do after finishing this semester?
베라	I still don't have a plan. I have to study more Korean for next semester.
유리	I will learn about Korean food during vacation at the institute.
베라	That's a good plan!
유리	Isn't it difficult to learn about Korean food? No, It's not too difficult. I did it several times at my friends house. It was not so difficult.
베라	Please, invite me after learning about it.

대화 2

이민호	Lingling, what do you want for dinner?
링링	I want to eat Korean style bacon.
이민호	OK. Let's eat Korean style bacon today. That restaurant looks good. Why don't we go there?
	(In a restaurant)
링링	I want to eat now. Can I have some?
이민호	No, not yet. Pork meat has to be cooked more.
링링	I got it. Why don't we order other food?

이민호 I want to have noodles in cold soup. What about you?

링링 I'll have noodles with hot sauce.

대화 3

김지선 First of all, put water with big anchovies in a Korean earthen pot and then boil it.

유키 Then, what do we do while boiling the water?

김지선 Cut pumpkins, tofu, onions, peppers and green onions.

유키 How about some garlic?

김지선 Please, crush the garlic. When the water boils, pull out the anchovies and put in soybean sauce. And then put in the prepared vegetables and boil again. Finally, put in the garlic, peppers and green onions and boil it one more time.

유키 It seems easy, so I think I can do it well, too.

김지선 Yes, you are right. Why don't you taste it? Do you like the taste of the soup?

• LESSON 11

대화 1

호나우두 Hello, Vera? Where are you ? Why aren't you here?

베라 Ah, sorry. I am coming. I am almost there.

호나우두 Yes. Please come as fast as you can. Except for you, everyone is here.

베라 If so, don't wait for me. Go ahead. I will go directly to the cinema theater.

호나우두 OK. We will do that. Ah, Vera? Please, go out exit 3 not 2 because it's faster.

베라 Thanks. After arriving there, I will give you a call.

대화 2

데이비드 I will study after Korean class everyday starting today.

유키 Wow, that's a good plan.

데이비드 If I do not review lessons that I've learned, I will forget a lot.

유키 You are right. Reviewing lessons is important and necessary. But I watch TV as soon as come home and forget reviewing.

데이비드 I intend to go to the library after class.

유키 Are you really going to do that? That's amazing. I always have lunch as soon as the class is over.

대화 3

이소영 Did we decide on a place for the meeting?

박 선생 No, not yet. How about a restaurant which has good potato soup?

이소영 Why don't we go to a Japanese restaurant instead of going there?

박 선생 Yes. Why not?

이소영 Why don't we finish early and not drink too much?

박 선생 Yes. I agree!

(Teacher Kim comes on)

김 선생 What are you talking about?

박 선생 We are talking about a place to meet.

김 선생 Which place did you decide?

박 선생 We've decided that we will go to the Japanese restaurant and finish on time.

• LESSON 12

대화 1

베라 Ah. I'm hungry.

유리 You still did not have breakfast?

베라 I was late, so I stopped eating and came to school. I kept thinking about breakfast.

유리 Why don't you have a sandwich or Kimbap at the cafeteria?

베라 Good! But the waiting line usually is long. Is it OK?

유리 When I went to the restroom I saw the line. There aren't many people.

베라 Then, let's go fast.

대화 2

데이비드 Honawood. You always come to school first. Do you live near here?

호나우두 No. It takes an hour from my home to school.

데이비드 Is that so? You are so diligent. I walk to class because I live in the dorm, but I'm sometimes late for class.

호나우두 Because you live near here, you prepare slowly.

데이비드 By the way, if you ride on the subway train for an hour, won't it be boring.

호나우두 No. I memorize Korean vocabulary while listening to music. Sometimes I do an assignment.

데이비드 So, you must know a lot of Korean words. Do I need to move in to a place which is far away from here?

대화 3

김지선 What are you doing here?

데이비드 I am reading a newspaper and having a cup of coffee.

김지선 Wow, David. Can you read Korean newspapers?

데이비드 I can read it but I don't understand it. I always try to read slowly it.

김지선 The vocabulary seems to be difficult in some newspapers. It is difficult for novice Korean learners.

데이비드 Right. Vocabulary is difficult. There is a strange thing. In a newspaper, instead of using '가요, 추워요, 먹어요', '간다, 춥다, 먹는다' are used.

김지선 Ah. They indicate crude language which is used for newspapers or diaries.

데이비드 Thank you for your explanation.

듣기 지문

● LESSON 01 Track 04

베라 링링 씨, 저기 하얀색 큰 가방이 예쁘지요?
링링 네, 예뻐요. 그런데 너무 크지 않아요?
베라 저는 가방에 이것저것 많이 넣어요. 그래서 큰 가방이 필요해요.
링링 그렇군요. 그런데 베라 씨, 그 오른쪽에 있는 가방은 어때요?
베라 아, 갈색 가방이요?
링링 네, 가방 색깔이 좋지요?
베라 네, 그런데 저는 어두운 색을 별로 안 좋아해요.
링링 그렇군요. 그럼 밝은 색 가방을 사는 게 좋겠네요.

● LESSON 02 Track 08

유키 호나우두 씨, 쉬는 시간에 친구들이 왔어요.
호나우두 누가 왔어요?
유키 이름은 잘 몰라요. 여자 한 명, 남자 한 명이 왔어요.
호나우두 무슨 옷을 입었어요?
유키 글쎄요. 여자는 머리가 길고 머리띠를 하고 원피스를 입었어요.
호나우두 남자는요?
유키 음... 남자는 모자를 쓰고 흰 남방을 입고 반바지를 입고 있었어요.
호나우두 친구들이 왜 왔어요?
유키 친구들이 같이 커피를 마시고 싶어 했어요.

● LESSON 03 Track 12

이소영 유리 씨는 한국에서 여행을 많이 했지요?
유리 네, 저는 여행을 좋아해서 여기저기 많이 다녀왔어요.
이소영 그럼, 경주에 가 봤어요?
유리 경주요? 아니요. 들어 봤지만 아직 못 가 봤어요.
이소영 경주는 서울이랑 분위기가 달라서 재미있는 것 같아요.
유리 씨도 경주에 한번 가 보세요.
유리 네, 그럴게요. 경주는 옛날 한국의 수도였지요?
이소영 맞아요. 옛날 신라 시대의 수도였어요.
유리 그런데 경주는 어느 계절에 가는 게 좋아요?
이소영 사계절 모두 좋지만 가을에 가면 시원해서 좋을 거예요.

● LESSON 04 Track 16

이민호 링링 씨, 오늘 왜 전화가 안돼요?
링링 휴대 전화가 고장 났어요.
이민호 왜 고장 났어요?
링링 학교에서 손을 씻을 때 휴대 전화가 물에 빠졌어요.
어떻게 해요?
이민호 A/S 센터에 가서 고치면 돼요.
링링 못 고치면 새 휴대 전화를 사야 되죠?
이민호 아니요, 통신회사에서 빌리거나 중고 휴대 전화를 사면 돼요.

● LESSON 05 Track 20

데이비드 링링 씨, 아르바이트는 어때요?
링링 재미있지만 좀 힘들어요.
이번 아르바이트가 지난 번 아르바이트보다 더 힘들어요.
데이비드 왜요?
링링 지난 번 아르바이트는 한국말을 안 해도 괜찮았어요. 하지만 이번 아르바이트는 주문을 받아야 해서 한국말을 많이 해야 돼요.
데이비드 그렇군요. 가끔 실수도 해요?
링링 그럼요. 손님들 중에서 빨리 말을 하는 손님이 있어서 힘들어요. 주문을 잘 받으려면 듣기랑 말하기 모두 잘 해야 돼요. 하지만 요즘은 처음보다 실수를 덜 해요.
데이비드 다행이네요. 너무 걱정하지 마세요. 시간이 지나면 더 잘 할 거예요.

● LESSON 06 Track 24

데이비드 지선 씨, 올해 계획이 뭐예요?
김지선 운전면허 시험에 합격하는 거예요.

데이비드 아직 면허증이 없어요?
김지선 네, 실수를 해서 두 번이나 떨어졌어요.
데이비드 이번에는 시험에 합격할 거예요.
너무 걱정하지 마세요.
김지선 고마워요. 그런데 데이비드 씨는 올해 뭘 하고 싶어요?
데이비드 집이 너무 멀어서 가까운 곳으로 이사를 했으면 좋겠어요.

• LESSON 07 Track 28

마이클 여기에는 처음 보는 물건들이 많이 있네요.
이건 한국말로 뭐라고 해요?
김지선 그건 '항아리'라고 해요. 그 항아리를 어디에 쓰는지 아세요?
마이클 글쎄요. 잘 모르겠는데요.
김지선 한국 사람들은 항아리 안에 김치나 된장, 고추장을 보관해요.
마이클 그렇군요. 항아리는 무엇으로 만들었어요?
김지선 흙으로 만들었어요.
마이클 한국 사람들은 오래 전부터 항아리를 썼어요?
김지선 네, 하지만 요즘은 항아리를 안 쓰는 사람들도 많이 있어요.
마이클 씨, 옛날 한국 사람들은 겨울에 어떻게 김치를 보관했는지 아세요?
마이클 아니요, 안 들어 봤어요.
겨울에 어떻게 김치를 보관했어요? 궁금한데요.

• LESSON 08 Track 32

주인 어서 오세요.
손님 저, 옷을 수선하러 왔는데요.
주인 어떤 옷이에요?
손님 반바지예요. 허리를 좀 늘려 주세요. 바지 허리가 작아졌어요.
제가 요즘 살이 많이 쪘거든요.
주인 얼마나 늘려 드릴까요?
손님 여기 표시를 했어요. 이 정도 늘려 주세요.
주인 네, 5,000원입니다. 내일 저녁 때 찾으러 오세요.
손님 수선비는 내일 드릴게요. 안녕히 계세요.

• LESSON 09 Track 36

미용사 어서 오세요, 오랜만에 오셨네요.
손님 네, 요즘 일이 많아서 못 왔어요.
미용사 머리가 많이 길었네요. 짧게 잘라 드릴까요?
손님 네, 더워서 짧게 자르고 싶어요.
미용사 항상 생머리였으니까 이번에는 파마를 하시는 게 어떠세요?
손님 지금까지 한 번도 파마를 안 했어요. 괜찮을까요?
미용사 손님 얼굴에 잘 어울릴 거예요. 그리고 요즘 이 머리 스타일이 유행이거든요.
손님 그럼 그렇게 해 주세요. 염색도 할 수 있어요?
미용사 염색은 다음 주쯤에 하시면 좋을 거예요.

• LESSON 10 Track 40

콩나물국을 먹어 보았어요? 한국 사람들은 술 마신 후에 속이 안 좋으면 다음 날 아침에 콩나물국을 먹어요. 콩나물국은 찬물에 멸치를 넣고 끓여요. 그리고 더 끓인 후에 빼요. 그 국물에 콩나물을 넣고 뚜껑을 덮은 후에 5분간 더 끓여요. 마지막으로 다진 마늘, 소금을 넣어요.

• LESSON 11 Track 44

선생님 내일은 이번 학기의 마지막 수업이에요. 무엇을 하고 싶어요?
데이비드 영화를 봤으면 좋겠어요.
링링 영화 보지 말고 드라마를 봐요! 요즘 인기 있는 드라마를 수업시간에 배우고 싶어요.
선생님 네, 그것도 재미있겠네요. 그럼 내일 한국 드라마를 같이 봐요.
데이비드 그리고 다같이 사진도 찍읍시다.
내일 먹을 간식도 가져올까요?
링링 간식을 가져오지 말고 식당에서 점심을 같이 먹는 게 어때요?
데이비드 네, 그게 더 좋겠네요.
링링 메뉴는 어떤 것으로 할까요?
데이비드 오늘은 결석한 학생들이 많아요. 내일 학생들이 다 오면 정합시다.
선생님 좋아요. 그럼 데이비드 씨가 오늘 안 온 학생들에게 전화로 전해주시겠어요?

• LESSON 12 Track 48

어서 장마가 끝났으면 좋겠다. 사흘 동안 계속 비가 오고 있다.

요즘은 비도 많이 오고 습해서 기분도 안 좋고 힘들었는데 오늘 아주 즐거운 일이 있었다.

수업 후에 집에 돌아오다가 반가운 친구를 만났다. 나는 걸어가면서 이어폰으로 음악을 듣고 있었다. 그런데 갑자기 누군가 내 어깨를 쳤다. 깜짝 놀라서 뒤를 돌아보았다. 태경 씨였다. 나는 정말 반가웠다.

태경 씨는 지난 학기에 나와 같은 반에서 공부를 하다가 급한 일이 있어서 고향으로 돌아간 친구이다. 그런데 지난주에 다시 한국으로 돌아왔다. 우리는 커피를 마시면서 오랫동안 이야기를 했다.

그런데 나는 커피를 마시다가 실수로 태경 씨 가방에 커피를 쏟았다. 친구 가방에 커피 얼룩이 크게 생겼다. 오늘은 우연히 친구를 만나서 반가웠지만 내 실수 때문에 친구에게 좀 미안했다.